VENTORUM
Plagæ es Nomina apud Veteres
Septentrio
Græcis Aparitas
Corus Gr. Argentes
Boreas Cæcias
Exventius vel Zephirus
Subsolanus Gr. Apetiotes
Gr. Libs
Auster Gr. Notus
Vulturnus vel Eurus
65
60
55
50
45
35
30
25
Ebudes
Orcades
PICTI
IBERNIA
Eblana
BRITANNIA
Isca
ロンドン
Vectis
Gobæum Pr.
GALLIA
パリ
Nomne
Burdigala
Pictones
Lemo
AQUITAN
Pompelo
Lude
Conimbrica
Scalabis
HISPANIA
Tarraco
マドリード
Tagus Fl.
Dertosa
Sacrum Pr.
Castillo
Minor
Major
マヨルカ
Malaca
Gades
Herculeum
Atlas minor
Tingis
Gilso
Volubilis
Junania
Capraria
Nivaria
Pluvialia vel Ombrios
Canaria
Purpurariæ
Atlas major
AUTOLOLES
GÆTULIA
GÆTULI DARÆ
Pharusii
Capsa
Sydan
古地図のため、都市の位置はおおよそのものです。

JN000184

ゼロから分かる！

図解 クラシック音楽

監修／宮本文昭（東京音楽大学教授・音楽家）
富田 隆（心理学者）

はじめに

音楽家　宮本文昭

『クラシック音楽』と聞いて、あなたのイメージは？

「上品なもの」？「敷居が一段高いもの」？

いやいや、できればもうそういう〝逆差別的〟イメージは、やめてほしいのだ。どうか気づいてほしい。クラシック音楽は、決して別格の音楽なんかではない、と。

あなたは普段、どんな音楽を聴いているだろう？　ポップス？　ロック？　演歌？　それらの音楽とクラシックは、実は何も変わらない。どの音楽だってエンターテインメント。相手に自分の気持ちを伝えたり、楽しませたり、感動させるために生まれてきたのだ。

クラシック音楽のもとは教会で生まれたが、それすら聞き惚れるような歌の力を借り、神秘的な空間を作り出して、信者の心をつかむためではなかったか。私たちと同じ、普通の人々の心を。

クラシック音楽は、「すごく上品」とか「伝統的

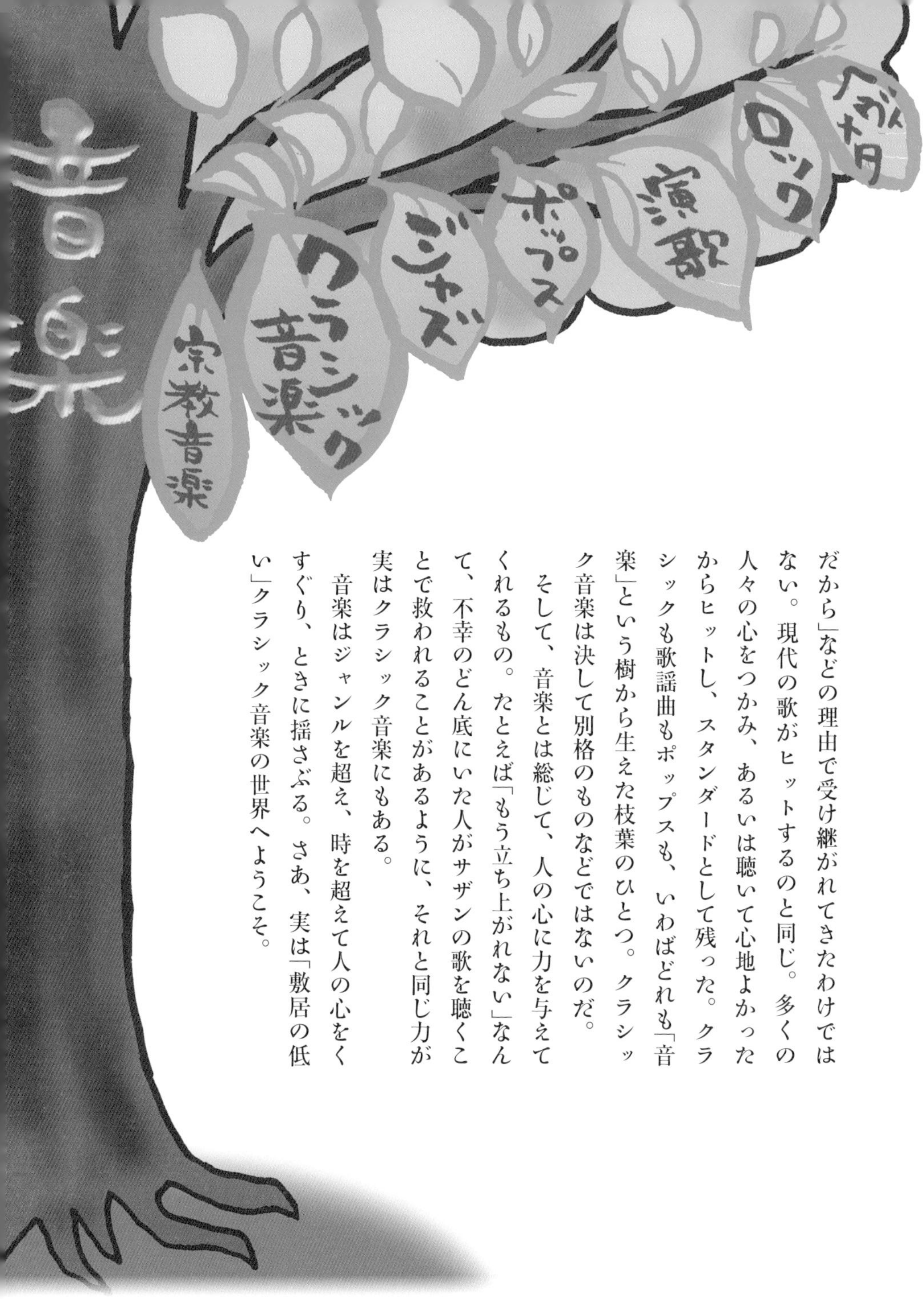

だから」などの理由で受け継がれてきたわけではない。現代の歌がヒットするのと同じ。多くの人々の心をつかみ、あるいは聴いて心地よかったからヒットし、スタンダードとして残った。クラシックも歌謡曲もポップスも、いわばどれも「音楽」という樹から生えた枝葉のひとつ。クラシック音楽は決して別格のものなどではないのだ。

そして、音楽とは総じて、人の心に力を与えてくれるもの。たとえば「もう立ち上がれない」なんて、不幸のどん底にいた人がサザンの歌を聴くことで救われることがあるように、それと同じ力が実はクラシック音楽にもある。

音楽はジャンルを超え、時を超えて人の心をくすぐり、ときに揺さぶる。さあ、実は「敷居の低い」クラシック音楽の世界へようこそ。

目次

第1章 クラシック音楽ABC

監修／宮本文昭（音楽家）

第2章 オーケストラABC

監修／宮本文昭（音楽家）

第3章 シーン別おすすめクラシック

監修／富田 隆（心理学者）

＜この本の使い方＞

第１章

古典派

運命に立ち向かい、音楽の概念を変えた音楽家

ベートーヴェン

ボサボサの髪。浮浪者に間違われて、警察に逮捕されたこともある。

■ルートヴィヒ・ヴァン・ベートーヴェン
（1770～1827年）

ドイツ ボン生まれ、ウィーン没。祖父、父親ともに音楽家で、ごく自然に音楽教育を受け、22歳でウィーンへ。ハイドンなどに師事した。当初は、即興が得意なピアニストとして人気を博し、やがて作曲を専業に。生涯で135曲ほどの作品を発表し、56歳で肝硬変により亡くなる。病床で10番目の交響曲に着手していたという。

聴きやすさ　曲調の多さ　せつなさ　ドラマチ　曲数の多さ

愛読書は1774年に出版された、ゲーテの「若きウェルテルの悩み」

ワイルドな髪型は地毛のもの。宮廷に仕えるためのかつらをかぶっていない。『運命』『第9（交響曲第9番）』などで知られるベートーヴェンは、生涯一度も主を持たなかった、いわば最初の自立した音楽家である。宮廷仕えの職人から芸術家へ、18世紀末のフランス革命以降、音楽家のあり方が変化したのだ。

実は当時まで、音楽はその場限りの嗜好品。使い捨て同然だった。だがベートーヴェンはその考えに反発。音楽も文学や哲学と同様、いかに生きるべきかを示唆する道具であり、人間性を高めるすぐれた芸術だという思想を打ち立て、実践する。

だが20代後半、作曲家として自立し始めた矢先に進行性難聴が発症。一時は自殺を考え、遺書まで書いたものの、音楽家として生き抜くことを決意。数々の傑作を生み出すのだ。

48

北斎とベートーヴェン

隣人トラブルや掃除嫌いで、生涯引っ越しを続けたことでも有名。その数、79回！ ちなみにほぼ同時代、江戸時代の日本に生きていた浮世絵師・葛飾北斎は、88年の人生で引っ越しを93回行ったという。

北斎（1760?～1849年）の「富嶽三十六景」から。

ベートーヴェンの時代の補聴器

この時代の補聴器はラッパ型。ピアノに耳を当てて、作曲したという話も知られる。ベートーヴェンの難聴の原因は、当時のワインの甘味料による「鉛中毒」または「耳硬化症」であったらしい。

ぜひ聴いてほしい！
- 交響曲第3番「英雄」、第5番「運命」、第6番「田園」、第7番、第9番（合唱付き）
- バガテル「エリーゼのために」
- ピアノソナタ第8番「悲愴」、第14番「月光」、第21番「ワルトシュタイン」、第23番「熱情」、第29番「ハンマークラヴィーア」
- ピアノ協奏曲第5番「皇帝」
- ピアノ三重奏曲「大公」
- ヴァイオリンソナタ第9番
- 弦楽四重奏曲（とくに第12～16番）

ベートーヴェンは献呈魔

ベートーヴェンの主な収入源は、演奏会の入場料や楽譜出版によるもの。貴族女性にピアノを教えたりもしたが、それだけでは生活は成り立たない。そこで、パトロンである貴族たちに自作を献呈。謝礼を貴重な収入源とした。ベートーヴェンは、作品が高く売れることにも注意を払って創作ができる、すぐれた腕と頭の持ち主だった。

革命的な作品を超えた晩年の境地

ベートーヴェンは、ハイドン、モーツァルトから続く**交響曲**の伝統を確立した作曲家。だが革命的な作品も多く、『交響曲第3番〈英雄《エロイカ》〉』は全体の演奏時間が45分近くと、当時では異例の長さを持ち、一八二四年初演の『第9』では合唱を加え、聴衆を驚かせた。

さてこの『第9』、日本ではあまりに有名だからか、ベートーヴェンの最高傑作だと信じ込んでいる人もいる。だが音楽家の多くは、そうは思っていないだろう。確かに『第9』は傑作だ。だが実は、もっと晩年近く、作品番号（P95参照）一三〇以降の『**弦楽四重奏曲**』などは、彼の純な部分、謙虚な姿勢も垣間見られ、寡黙なのに言いたいことは言っている、まさに音楽家ベートーヴェンの真髄が現れた名曲になっている。

49　第1章｜クラシック音楽ABC

第３章

▲カノン ニ長調

チャイコフスキーの処方箋

落ち込んだ時と高揚した時の差が激しかったといわれるチャイコフスキー。彼の作品もまた、時に華やかに、時に感傷的にと、バラエティ豊かな曲調のものになっている。さまざまなメロディを耳に入れるということは、さまざまな刺激を脳に与えること。イマジネーションの供給源として、ぜひメロディメーカー、チャイコフスキーの曲を。

●演奏時間の目安
カノン ニ長調 ―― 約5～6分
ホルベルク組曲 ―― 約20分
くるみ割り人形 ―― 約22分
運命 ―― 約30分

はゼロである。では、もしいろいろなメロディが耳に入ってきたら？ それが脳を刺激してくれるのだ。

◆眠気に勝つための曲

眠いのをこらえて頑張っている人には、もう少し激しい曲がいいかもしれない。それこそベートーヴェンの『運命』などはいかがだろうか。

たとえば自分の部屋で勉強中なら、あの「ダ・ダ・ダ・ダーン」のメロディに合わせて時折、指揮棒を振る動作を真似してみてほしい。キレよく、素早く、ややいかめしい顔をして。〝エアギター〟ならぬ〝エア指揮〟。軽い運動と気合によって、眠気を吹き飛ばす作戦である。ヴェルディの「アイーダ」凱旋行進曲に合わせて、部屋の中を行進するのも効果的だ。

同じ曲ばかりではなく、新しい曲を聴くことも心掛けたい。聴いたことのない音楽は脳への刺激も強く、ドーパミンの放出が期待できる。気分転換、意欲の向上にもってこいなのだ。

147　第3章｜シーン別おすすめクラシック

作曲家の傾向を示すレーダーチャート

各作曲家の作品傾向をつかみやすいようにレーダーチャート化。ただし、評価には編集部独自の判断も加わっておりますので、あくまで参考としてお役立てください。

5つの項目の種類は、作曲家の特色により他のページと変更している場合があります。

項目例

- **静けさ** ―― 静謐な感じ
- **ヒーリング** ―― 心の癒やされる雰囲気
- **ダイナミック** ―― 盛り上がりの大きさ
- **ドラマチック** ―― 劇的な展開あり
- **安定感** ―― どの曲も安心できる仕上がり
- **荘厳さ** ―― おごそかな雰囲気
- **せつなさ** ―― 悲しさ、切なさの度合い
- **スケール感** ―― 壮大な世界が感じられる

登録不要で全曲が30秒

QRコードで無料試聴可！

第1章と第3章では、定額制インターネット音楽配信サイト「ナクソス・ミュージック・ライブラリー（https://ml.naxos.jp/）」の音源をご試聴いただくことが可能です。QRコードを読み込むだけで1曲 30 秒。ただし連続で最大 15 分の時間制限があります。

15分経ってしまった時はブラウザを一旦終了するか、スマホを再起動してお試しください。

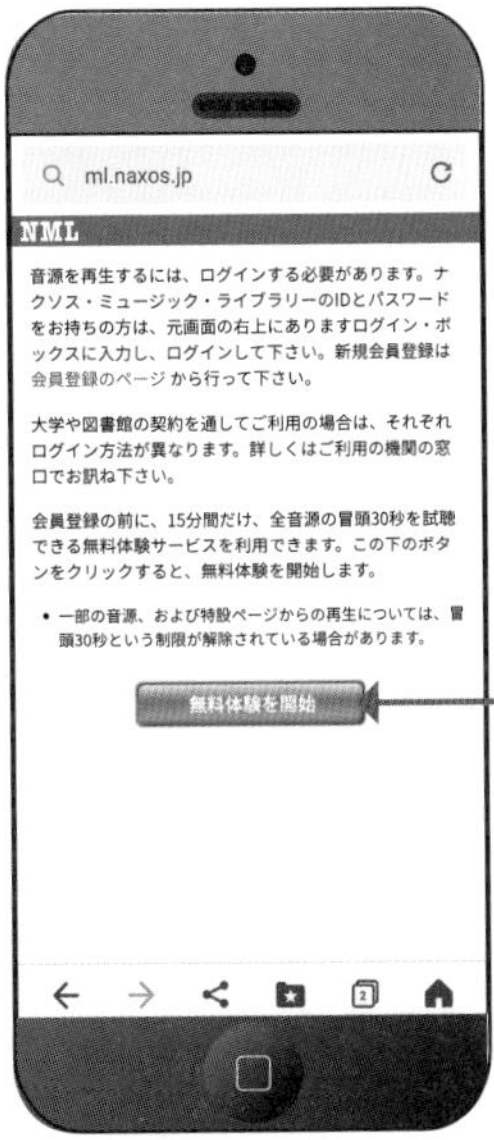

①第1章、第3章にあるQRコードをスマートフォン、タブレットで読み込むと右のような画面につながります。「選択曲を試聴」をクリック。

②最初だけは、左の画面につながります。無料試聴の場合は会員登録せず、一番下の「無料体験を開始」をクリック。曲の再生ページに移ります。

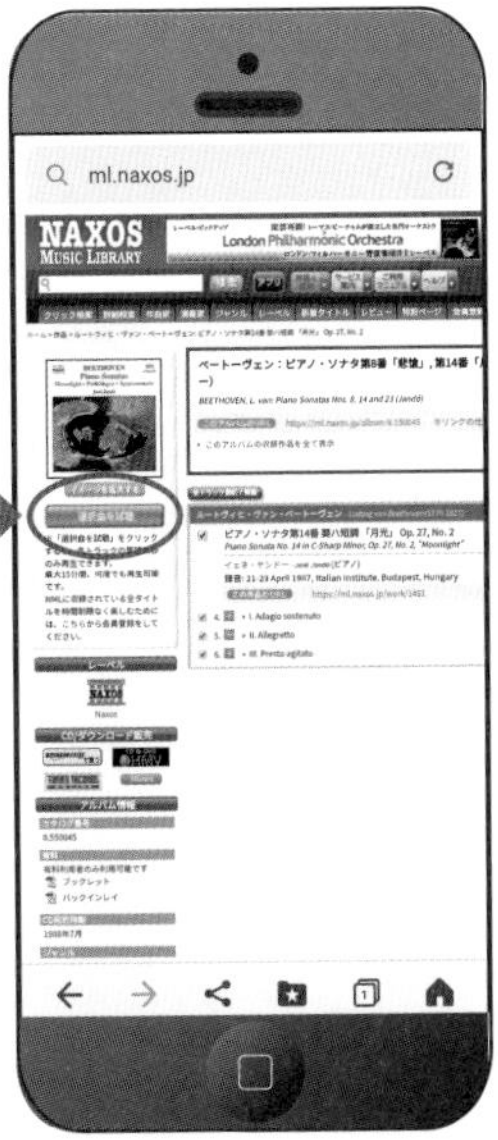

「ナクソス・ミュージック・ライブラリー(NML)」は、クラシック音楽に特化した定額制のインターネット音楽配信サービス。現在の配信CD枚数13万枚（200万曲）以上。会員登録をすれば、月額1,850円（税別）で全曲が無制限に聴き放題となります。（会員登録は、NMLとお客様の間での直接契約となります。）

NAXOS MUSIC LIBRARY

※曲名は、翻訳の違いなどにより本書掲載のものと一致しない場合があります。

※本書掲載のQRコード、上記情報は、2020年1月現在のものです。リンク先の曲は、権利関係の変動などにより、予告なく配信停止となる場合があります。別音源をご紹介できる場合は、世界文化社ウェブサイト内『ゼロから分かる！図解クラシック音楽』のページに掲載させて頂く予定です。

▶ https://www.sekaibunka.com/book/exec/cs/19229.html

楽器の音を聴き比べ

QRコードで無料試聴可！

第2章・楽器紹介のページでは一部、楽器の音を聴いていただくことが可能。QRコードをスマホなどで読み込むと、ヤマハ株式会社ウェブサイト内「楽器解体全書」（https://www.yamaha.com/ja/musical_instrument_guide/）につながります。一般に公開されている無料サイトのため、会員登録の必要はありません。

※ただし本書に掲載のQRコードは、2020年1月現在のものです。リンク先の音源は事情により、予告なく配信停止となる場合があります。

第2章

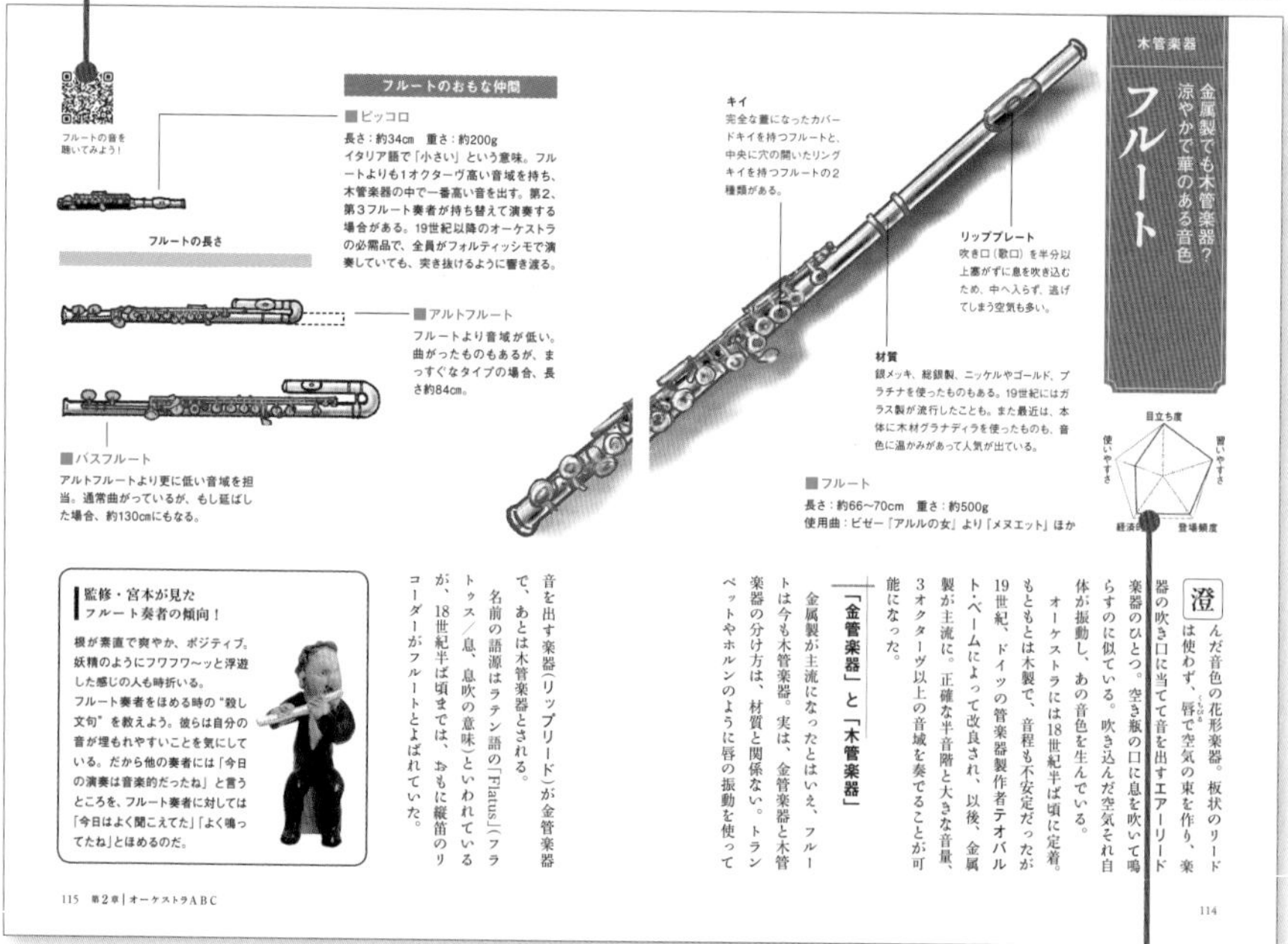

各楽器の傾向をつかみやすいやすいようにレーダーチャート化。ただし、評価には編集部独自の判断も加わっておりますので、あくまで参考としてお役立てください。

項目例

- **習いやすさ** —— 教室、教え手の数などから。
- **経済的** —— 一般流通しているもののリーズナブル感、お財布への優しさ。

第1章

クラシック音楽ABC

まずお伝えしたいのは、
クラシック音楽の面白さ。
別に無理して難しいことを
覚えなくてもいいのです。
興味のあるところから、
知識の輪を広げていきましょう。
あなたの好きな音楽でも聴きながら。

第１章監修／宮本文昭（音楽家）

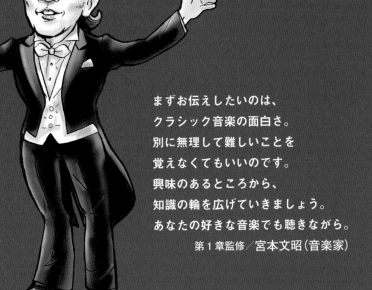

クラシック音楽のいろいろスタイル

いまやビートルズもクラシック音楽の中に含まれるといわれるが、一般に「クラシック音楽」というと8～19世紀の頃、ヨーロッパで展開された音楽をさす。もっと狭義の場合でも17～19世紀頃の西洋音楽のこと。

かなり大雑把なくくり方をしているわけだが、だからひと口にクラシック音楽といっても、いろいろな種類のものが含まれてしまう。

まずは編成（使われる楽器）、規模などで大きく分けてみた場合、どんなスタイルがあるかを紹介しよう。

交響曲（シンフォニー）

オーケストラによって演奏される、多楽章から成る曲。第1楽章がソナタ形式であることが決まっている（ソナタ形式についてはP96）。

「楽章」とは一つの曲がいくつかに分けられた、それぞれの部分のこと。第1楽章はテンポが早く、最後の第4楽章は盛大に、などの特徴がある。基本的に4楽章構成だが例外も多数。演奏時間も30分弱の曲から1時間を超えるものもある。

管弦楽曲

オーケストラ（木管楽器・金管楽器＋弦楽器＋打楽器）によって演奏される曲のことで、交響曲と協奏曲以外を指す。もともとはその2つも含んだ言葉なのだが、今では区別してよぶ際に使われることが多くなった。

交響曲とは違い、とくにルールもなく、各作曲家の自由な発想で作曲されている。題名がつけられた作品も多い。

器楽曲

ピアノなどの鍵盤楽器やヴァイオリンなどの弦楽器をはじめ、楽器だけで演奏される楽曲のこと。1人だけで演奏する曲は独奏曲とよばれる。もちろん交響曲や室内楽も（声を使っていなければ）器楽曲の中に入る。

声楽曲

人の声によって演奏する曲。
1人で歌う独唱、2人以上が同じ旋律を歌う斉唱のほか、2人以上でそれぞれ別のパートを歌う重唱、そして同じパートを歌う人と違うパートを歌う人がいる合唱がある。

オペラ

歌と音楽で物語を進めていく劇。響きのまろやかなベル・カント唱法を使い、レチタティーヴォとアリアで進行していく。

レチタティーヴォ――台詞を話すように歌う。
アリア――登場人物の気持ちや想いを1曲の歌として歌う曲のこと。この間は劇が止まる。

バレエ音楽

踊りのために作曲された音楽。バレエは14～15世紀にイタリアで生まれ、17世紀にルイ14世統治下のフランス宮廷で基礎が固められた。19世紀後半からロシアが中心となり、チャイコフスキーによって、バレエ音楽は芸術音楽に発展した。

協奏曲（コンチェルト）

オーケストラと、ピアノやヴァイオリンなどの独奏楽器によって演奏され、3楽章から成る曲。使われる独奏楽器は、フルート、ホルン、チェロ、ほかにも多数。ソリスト（独奏者）が演奏する部分があるかどうかで、交響曲と区別できる。

室内楽曲（チェンバーミュージック）

各パートを一人の奏者が担当し、何人かが一緒に演奏する曲のこと。楽器の数により呼び方が変わる。ちなみに**弦楽四重奏曲**は第1、第2ヴァイオリン各1人、ヴィオラ1人、チェロ1人。

そのほかの編成例は以下。
弦楽三重奏――ヴァイオリン1、ヴィオラ1、チェロ1
ピアノ三重奏――ピアノ1、ヴァイオリン1、チェロ1
ピアノ四重奏――ピアノ1、ヴァイオリン1、ヴィオラ1、チェロ1

吹奏楽（ブラスバンド）

管楽器と打楽器で編成される。原則、弦楽器は入らない。ポップス、ジャズ、クラシック音楽など、さまざまなジャンルを演奏。

クラシック音楽のいろいろ 曲の種類

クラシック音楽のタイトルには、普段耳慣れない言葉もときどき出てくる。メヌエットとか幻想曲って何？　代表的なものを説明しておこう。

序曲
オペラ、オラトリオ、古典組曲などで一番最初に演奏され、導入の役割を持った管弦楽曲。

前奏曲（プレリュード）
本来は大曲の前に演奏する、即興的な曲のこと。のちにピアノ用の独立曲にもこの名を使用。

エチュード（練習曲）
演奏技法の習得のために書かれた曲。もっとも盛んになったのは18～19世紀。

カンタービレ
「歌うように」という意味の音楽用語だが、タイトルにもよく使われる。『アンダンテ・カンタービレ』は、「歩くような速さで歌うように」の意味。
ちなみに「アダージョ」は、「ゆっくりと」の意味。

組曲
古典組曲――17～18世紀に作られた、同じ調性を持つ舞曲を組み合わせたもの。
近代組曲――オペラやバレエ音楽などの中から主要曲を抜き出し、名場面集のようにまとめたもの。または、テーマを持った小曲や楽章で構成された曲。ホルストの組曲『惑星』などが有名。

ワルツ（円舞曲）
オーストリア、ドイツを起源とする舞曲（舞踏のための伴奏曲）。ややテンポの速いウィンナワルツとスローワルツがある。

メヌエット
17世紀のフランスで流行した、4分の3拍子の優雅な舞曲。ヴェルサイユ宮殿の舞踏会などでも使われている。ドイツ語で「小さいステップの踊り」を意味する名前で、ワルツよりも動きが小さい。

スケルツォ
メヌエットから発展したテンポが非常に速い、3拍子の曲で、諧謔《かいぎゃく》曲ともいう。交響曲の中の第3楽章として組み込まれるほか、ピアノ独奏曲もある。

ディヴェルティメント

「楽しみ、娯楽、気晴らし」の意味を持ち、貴族の生活のさまざまな場面、たとえば食事や祝賀、社交などに合わせて演奏された、明るく軽妙な曲。楽器編成や形式、楽章数は自由。

セレナード（セレナーデ、小夜曲）

弦楽器、管楽器、または両者の合奏曲で多楽章から成る曲。もともとは夜、戸外で歌い奏でられる音楽全般のことを指し、室内用のディヴェルティメントと区別されていた。

歌曲

独唱の声楽曲、または少人数による重唱声楽曲のこと。シューベルトが歌曲王とよばれる。

オラトリオ

聖書など宗教的題材を、独唱、合唱、管弦楽を用いて劇的に描き出すが、オペラのように演技や背景装置は伴わない。聖書の登場人物を、それぞれ別の歌手が歌う。

カンタータ

オーケストラ伴奏付きの声楽曲。独唱、重唱、合唱の複数の曲で構成され、演奏会形式で上演される。キリスト教に題材をとった**教会カンタータ**と、宗教とは無関係なテーマを扱った**世俗カンタータ**とがある。

変奏曲

設定された主題の拍子や旋律を一部変化させたり、装飾することを変奏といい、主題といくつかの変奏から成る曲のことを変奏曲とよぶ。

なお、**主題**とは曲の中心になるメロディのこと。たとえばベートーヴェンの『運命』第1楽章なら「ダ・ダ・ダ・ダーン」である。

幻想曲（ファンタジー、ファンタジア）

形式にとらわれず、作曲者の自由な想像・夢想に基づいて創作された器楽曲。

ラプソディ（狂詩曲）

叙事的、英雄的、民族的な内容を表現した、自由な形式の曲。祖国をテーマに、その民謡などを土台にして作られたものもあれば、神話の物語をテーマにしたものもある。

交響詩（シンフォニックポエム）

物語・絵画などの内容を表現した器楽曲を標題音楽とよぶが、そのうち作曲家によって交響詩と名づけられたものをいう。リストが創始者といわれる。

ソナタ

一般に独奏、あるいは独奏に伴奏がつく形で演奏される曲で3楽章か4楽章で構成されるのが基本。第1楽章はソナタ形式で書かれている。

短くて、分かりやすいソナタのことをソナチネとよぶ（ソナタ形式についてはP96）。

バラード

英雄伝説、物語などを題材にした物語詩のこと。バラードやソナタのことを“悲しい曲”と思い込んでいる人もいるが、必ずしもそうではない。

クラシック音楽のいろいろ
時代

クラシック音楽には、大きく7つの時代区分がある。「中世」「ルネサンス」「バロック」「古典派」「ロマン派」「近代」「現代」で、時代ごとの特徴もたしかにある。だが、それはあくまで後の時代の人たちが、わかりやすいように分けただけのもの。ある朝突然に「今日からロマン派！」「今日から近代の日！」となったわけではないし、曲調だってみんなが「いっせいのせ！」で変えるわけがない。ベートーヴェンは「俺はこんなすごい曲が書けるんだぜ！」などと革新的な作曲を試みているうち、時代を超えた作風を完成させていったという面があるし、一方ブラームスは「今時、こんな曲を書くの？」と言われそうな、当時でも古めかしい曲を好んで作っていた。音楽の曲調を、時代できっちり区分しようなんて少し無理があるのだ。

しかしそれでも、各時代の傾向について述べてみよう。一応順序通りにいくが、興味のないところは、とばしてくれても構わない。

まずは、おおまかな流れだけを説明しよう。

はじめの歌

狩りの時、うなり声などではなく、甲高い声を発して仲間に知らせた。人類はそんなことから発声の工夫を学び、やがて歌･音楽の歴史が始まったのだろう。

絶対王政の時代は16〜17世紀頃に始まる。諸侯や教会など、それまで地方に権力が乱立していたのを国王が中央集権化した。

おごそかに行なわれているミサの様子（現代）。厳密には「ミサ」の言葉はカトリック教会での典礼を指し、他の宗派の礼拝を含まない。

そもそもクラシック音楽のはじまりは何だったろう。

おそらくは教会での〝祈りの言葉〟。最初は、ただブツブツ唱えるだけだったのが、やがて声に抑揚がついたり、音が伸ばされたりするようになる。それは、教会の神秘的な雰囲気を高めるため。参列者を感動させ、「また礼拝に来たい」、そう思わせるため。教会はパイプオルガンなども置き、演奏と作曲ができる者を大切にし始める。

だが、やがて天動説に堂々歯向かうガリレオなども登場（16〜17世紀）。科学の進歩などと引き換えに教会の力が落ちてくると、音楽家たちは、さまざまに枝分かれした分野でも活躍を始める。

まずは**宮廷音楽**。王宮や貴族に仕えながら、祝典イベントや娯楽のための音楽を作る。また劇場では**オペラ**を発表。やがて芝居や歌の要素を取っ払い、楽器だけの演奏会も行われるように。

ところが今度は各地で市民革命が起きるなど、王家・貴族の力もあやしくなってきた。音楽家たちはもう〝宮仕え〟をやめ、〝芸術家〟として自立を始める。「これはすごい！」と言われるような曲を書いてお金持ちに売り込んだり、社交界の集まりや劇場で稼いだり、楽譜出版にピアノ教師などもやりながら創作を続け、作曲家として成功していく。

――だいたい、こんな流れだといえるだろう。

中世・ルネサンス

祈りの言葉と結びつき、教会で発展

6世紀末〜16世紀

6世紀ころから15世紀にかけての音楽を「**中世西洋音楽**」、15世紀から16世紀までの音楽を「**ルネサンス音楽**」と呼び、二つ合わせて「**初期音楽**」と呼ぶこともある。

この頃の音楽は、宗教とのかかわりが不可欠。ローマ・カトリック教会の権力が絶大だった中世では、音楽も聖歌を中心に据え、それに装飾を施すという形で進化していく。メロディの発達について説明しよう。

モノフォニー（単旋律）

クラシック音楽のルーツとされている『**グレゴリオ聖歌**』は、9〜10世紀ごろに生まれたラテン語の歌。楽器の伴奏もなく、最初はみんなでまったく同じメロディを歌っていた。

オルガヌム

やがて聖歌のメロディの下に、同じ動きを持つもう一つの声部（メロディ）が加えられた。人類は「ハモる」ことを覚えたのだ。加えるメロデ

16世紀頃の楽器

リュート、ハープ、クラヴィコード、ハープシコード、ヴァージナル（チェンバロの前身となる小型の撥弦鍵盤楽器）、オルガンなどが使われていた。

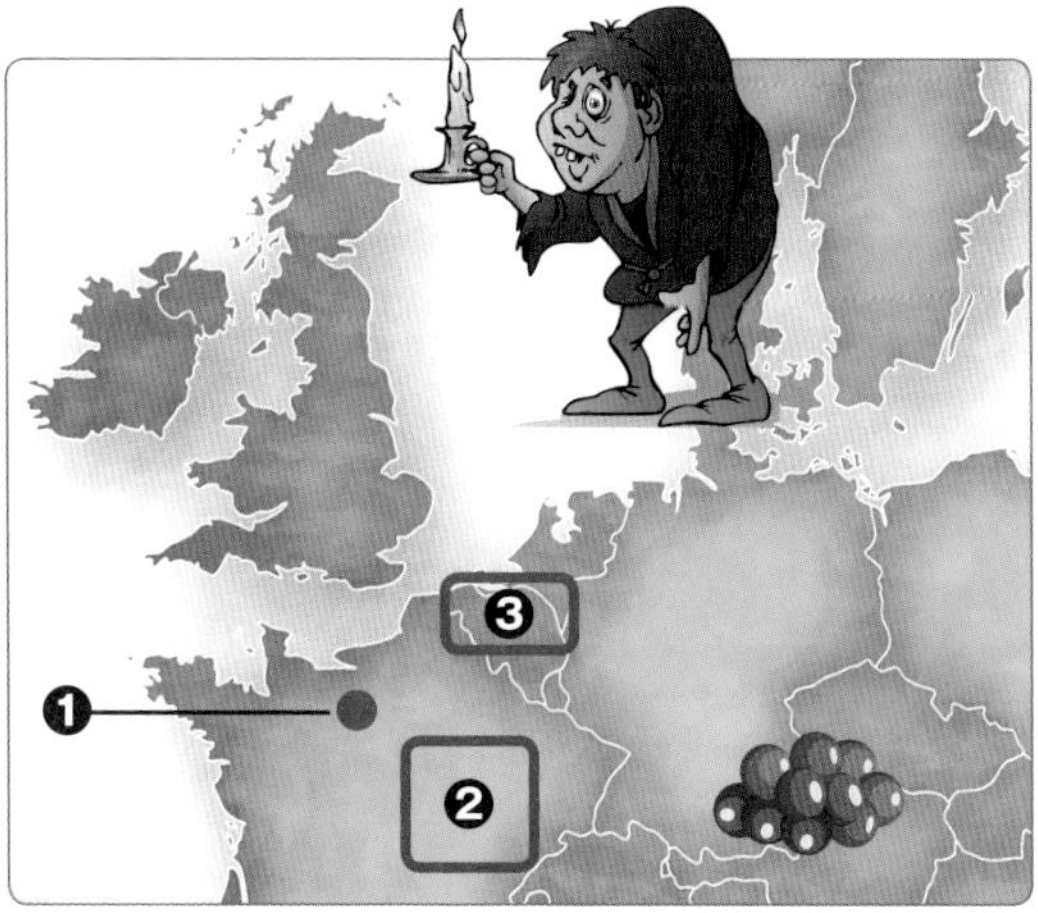

このころの音楽家グループ

❶ ノートルダム楽派
12世紀末、パリのノートルダム寺院で活動した音楽家たちのこと。中世は、楽器より人間の声が高い地位にあったことから、声楽のみの作品が基本。

❷ ブルゴーニュ楽派
15世紀、ブルゴーニュ公の領地であった地域（今はワインの名産地として有名）で活躍していた作曲家たちのこと。

❸ フランドル楽派
15〜16世紀は、この地域から大量の作曲家が生まれた。ルネサンス音楽の原点とも言える。

ィの数はさらに増え、聖歌とは違う動きをするメロディも作られた。

ポリフォニー（多声音楽）

複数のメロディはやがて、それぞれ独自性を保ちながら同時進行。どれが聖歌なのか、分からないほどになっていく。これがポリフォニー。聖歌は低音に置かれ、全体を支える役割を担うようになった。

さて、当時の音楽の発達は、おもにフランスが舞台だったが、やがてフランスはイギリスと**百年戦争**（一三三七年〜）に突入。その影響でルネサンス前半の15世紀には、イギリス音楽が大量に流入することになった（敵地に自国の歌を広めるのは、大昔からの戦略のひとつなのだ）。結果、温かい響きを持つ、無伴奏の宗教合唱曲が数多く作られるように。メロディは世俗曲から借りてきたものになり、それを自由に活用した宗教曲が作られた。ルネサンス芸術で重視されたのは均衡と調和。音楽も、響きが完璧に溶けあった滑らかさが追求されるようになった。

ルネサンス後半の16世紀になると、**宗教改革**によりプロテスタント教派が急速に拡大。歌詞がラテン語ではなく自国語で、信者も歌える民謡風の賛美歌（コラール）が生まれた。また単旋律の歌に器楽伴奏を付けたスタイルも登場。一方、無伴奏の宗教合唱曲はイタリアへ受け継がれ、新たな展開を見せ始めるのだ。

バロック時代

オペラ誕生と職人音楽家の時代

16世紀末〜18世紀中頃

バロック音楽とは、16世紀末から18世紀半ばまでの約一五〇年間、絶対王政のはびこった時代の音楽をいう（フランス革命がおきる18世紀末までとする意見もある）。この頃になると、今の私たちが音楽の基本だと考えるさまざまな規則——たとえば長調と短調の区別や、4分の4拍子などの拍子感、ドミソの3和音で終わるなど——が確立され始める。

イタリアでオペラ誕生

そもそもバロック時代は、オペラの誕生で幕が開いた。一五九七年頃、イタリアのフィレンツェで、カメラータという音楽サークルが、ギリシャ神話に基づいた音楽劇を実験的に上演。それが始まりとなった。セリフの大半が歌になっているという、この新たなジャンルは、バロック時代に大量に作られ、イタリアを中心に発展して

史上初のオペラハウス

当時、オペラや音楽会は、宮廷や大富豪の家で行われるものだったが、1637年、入場料さえ払えば誰でも観劇可能なオペラハウス第1号がヴェネツィアでオープン。上の図は1732年に建てられた英国ロイヤル・オペラハウスの様子。

おもな作曲家

ヴィヴァルディ、ヘンデル、バッハなど

フランス王妃マリー・アントワネットが毎晩のようにパーティーを開いていたというヴェルサイユ宮殿。

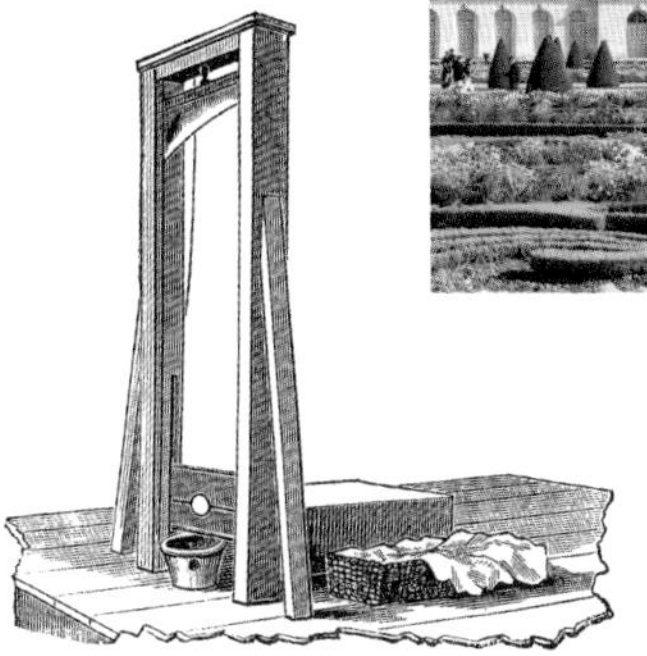

フランス革命は1789〜1799年。マリー・アントワネットも断頭台にかけられてしまう。

日本は17世紀初頭(1603年)、江戸時代に突入。三味線は完成していた。

いく。ちなみに、イギリスではシェークスピアが活躍中だった。

さて当時は、ヨーロッパ各地で絶対王政が進んだ時代。宮廷では毎晩のように絢爛豪華な晩餐会や祝典が催され、音楽はその場を飾るためのＢＧＭの役割を担った。当時の音楽家は教会や宮廷に雇われ、注文に応じて作曲する、いわば職人。常に新曲を求められ、しかも演奏は1回だけで使い捨てということも少なくなかったという。

楽器の地位、向上

教会音楽も新たな展開を見せた。中でもフランスから受け継がれた宗教合唱曲には器楽伴奏がつくようになり、やがて器楽と合唱が対等な立場で競いつつ調和するという「**協奏曲**」が生まれた。

パイプオルガンも全盛期をむかえ、教会同士で競い合うように大型化が進む。その他の楽器の地位も向上。当時大貿易港のあったヴェネツィアを中心に、独奏と伴奏オーケストラの対比を生かした、強弱ある音楽作りが流行するのだ。

一方、華美な宮廷音楽とまったく性格が異なるプロテスタント文化圏で、バロック最末期に登場したのがバッハ。そして音楽の中心は彼の国、ドイツへ移ることになる。

古典派

フリーランスの音楽家の誕生

18世紀中頃〜19世紀初頭

この時代、音楽の中心はドイツ語圏の首都ウィーン。「音楽の都」としての歴史が始まり、ハイドン、モーツァルト、ベートーヴェンなどが活躍した。狭義の「クラシック音楽」はこの時代の音楽を指す。

さて古典派の時代は、王侯貴族に代わり、産業の発展で蓄財した富裕な市民層が発言権を増す移行期にあった。市民層の台頭により、音楽家は教会や王侯貴族に雇われるのではなく、フリーランスとして活動することが可能に。言いかえれば、芸術家が市民を相手にして喰っていける時代になったのだ。もちろんなるべくお金持ちを相手にしたほうがいいし、人気が出なければ生活は苦しいけれど。

フリーの音楽家にとって大切な収入源は、楽譜の出版や公開演奏会。富裕な市民は自ら演奏する人も多く、家庭で演奏して楽しむための作品も求められるようになった。

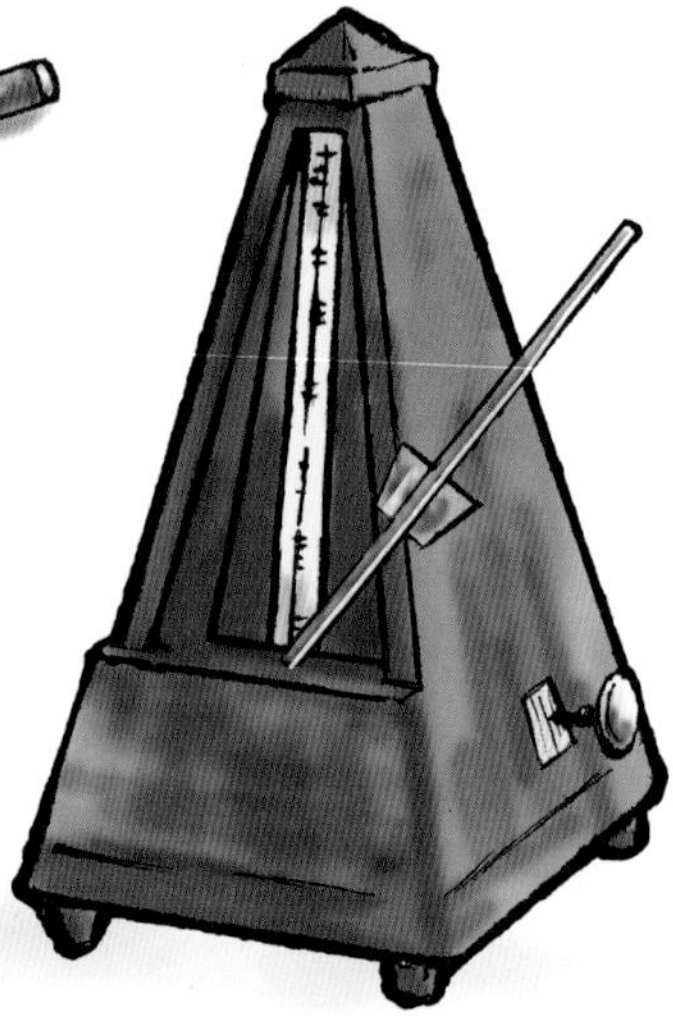

メトロノームの発明

19世紀にはメトロノームが登場。作曲家はラルゴ（きわめてゆっくりと）、アンダンテ（歩く速さで）などより具体的にテンポを指示できるようになった。また、それまで縦笛だったフルートが横笛になるなど、楽器も発達。オーケストラの形がほぼ完成したことも、交響曲が発展する背景にあった。

おもな作曲家

ハイドン、
モーツァルト、
ベートーヴェン、
サリエリなど

David
LA POSTE FRANCE LETTRE PRIORITAIRE 20 g
Phil@poste

革命後のフランスでは、ナポレオンが活躍。ベートーヴェンの『英雄』は、彼を讃える曲として作られたという。

ピアノの発明

1700年頃にフィレンツェで、現在のピアノの原型となるフォルテピアノが発明される。音はまだ小さいが、打鍵の強弱によって音の大きさをあやつることができるようになった。

当時のオペラの一例

『フィガロの結婚』では、登場人物の伯爵が部下の婚約者に横恋慕。廃止されていた「初夜権」の復活を企む。「初夜権」とは中世ヨーロッパの領主が、領土で結婚した日の花嫁を、花婿よりも先に抱くことができた権利のこと。だが、懲り懲りの目に。

音楽面では、誰もが口ずさめる旋律とそれを支える**和音伴奏**という明快なスタイルが主流となる。何より**交響曲**や**弦楽四重奏曲**、**ピアノ・ソナタ**など、現代人にもっとも馴染み深いジャンルやソナタ形式が確立されたのもこの時代。そしてベートーヴェンの登場により、「音楽は芸術」という考え方が生まれた。

一方オペラでは、神話を題材にしたシリアスなものから、人間の心の機微を描く喜劇的、世俗的な性格を持つものが登場。女たらしの貴族が主人公の『ドン・ジョバンニ』や、スケベな伯爵が懲《こ》らしめられる『フィガロの結婚』など、モーツァルトにより珠玉の作品が生まれた。古典オペラの内容が高尚なものばかりとは限らない。観客を劇場に呼ぶためだから、ちょっと下世話な話だって大アリだったのだ。

前期ロマン派

個性を追求、芸術としての音楽へ

19世紀～19世紀中頃

19世紀ごろの約一〇〇年間の音楽を「**ロマン派音楽**」とよぶが、さらに真ん中から分けて「**前期ロマン派**」「**後期ロマン派**」とする場合も多い。ちなみに前期ロマン派の頃、日本はまだ江戸時代。世界史を見てみると、イギリスと清朝のアヘン戦争が一八四〇年に始まっている。

さて「ロマン」という言葉のルーツ。現在はロマンというと、愛だの恋だの甘い世界を思い浮かべてしまうが、当時は〝奇想天外な冒険や空想的な世界〟を「ロマン的」と呼んでいた。そして、芸術全般が想像力をフル活用した、独創的な表現を重視するようになっていた。音楽でも古典派が確立した形式には縛られず、感性や主観を重視した楽曲が登場。文学や詩と融合した「**標題音楽**」が生まれるなど、作曲家それぞれが独創性を発揮していく。

聴衆も拡大し、オペラや演奏会、さらに社交界の**サロン**などで広く音楽が楽しまれるようになった。

「ロマンティック」とは？

19世紀にドイツの詩人が確立した用語。もとは「甘い恋愛」のようなものを指す言葉ではなかった。強いて今風に言えば「知的（空想的）冒険ロマン」ということになるだろうか。

おもな作曲家

シューベルト、
シューマン、
ショパン、
メンデルスゾーンなど

パリの音楽界

ロマン派時代のパリでは、フランス革命後に台頭してきた「新興ブルジョワ」とよばれる富裕層が音楽を楽しむようになった。自宅の居間を開放し、芸術家や知識人を招いて交流するサロンを開き、ピアニストが演奏して場に華をそえた（左図）。また贅を尽くしたグランド・オペラも流行。壮大な舞台装置で聴衆を圧倒した。

演奏会場も広くなっていく。その背景には楽器の改良が関係していた。特にピアノは、鉄骨フレームを搭載したグランドピアノの登場で大きな音が出せるようになり、ピアノ独奏曲や小品が数多く生まれた。オーケストラも音色が多彩になっていく。

大きく変わった演奏会

だが何より大きく変化したのは、この時代の演奏会のスタイル。新作と一緒に過去の名曲も披露する。それも演奏家という専門家が演奏するようになった。18世紀までは演奏会には新作しか登場せず、演奏は作曲家自身が行っていた。現代のシンガーソングライターにたとえられるだろうか。楽器演奏も、自作を披露するために学ぶものだったのだ。この「作曲家」と「演奏家」の分離により、作曲家は過去の名曲を越える作品を残そうと時間をかけて曲を作るようになる。

一方、演奏家たちの世界では、名演奏家や「ヴィルトゥオーソ（超絶技巧演奏家。達人技の持ち主のこと）」と呼ばれる存在が生まれ、スターとしてもてはやされる。また作曲家や演奏家とは別に、名曲や名演を評論する仕事も登場している。たとえばシューマンは作曲家としてだけでなく、当時は評論家としても有名で、雑誌などで活躍していたのだ。

ロマン派音楽は、多様な変化の中で生まれたのである。

後期ロマン派

ナショナリズムと民族色の濃い音楽

19世紀中頃〜19世紀末

時代背景としては、アメリカでは南北戦争。日本では明治維新、日清戦争などがあった頃である。

後期のロマン派は、多様な個性が一気に花開いた時代。ベートーヴェン以降、その壁を乗り越えるべく試行錯誤していた交響曲のジャンルでも、個性的な表現形式が現れた。

「交響詩」と「楽劇」の登場!

この時代に登場したジャンルとして、まず挙げたいのが「交響詩」と「楽劇」。リストが創始した「**交響詩**」は、文学作品などを題材とし、その世界を音のみで、しかも従来の交響曲の様式にとらわれずに表現したものだった。

一方ワーグナーは、交響曲に言葉を取り入れたベート

19世紀末ごろ、アメリカではジャズが誕生。

1877年にエジソンが蓄音機を発明。最初は円筒形だったが、87年に円盤式が登場。レコードが生まれる。

ただしレコードの市販は近現代1902年から。左のようなLP盤は1948年発売。直径約30㎝。

おもな作曲家

ワーグナー、リスト、ヴェルディ、ブラームス、チャイコフスキーなど

音楽と劇内容との一体化が図られた「楽劇」。ワーグナーは、オペラ（歌劇）とは完全に別物と考え、10の作品を遺した。

音楽論争

ウィーンの音楽界では、音楽に標題をつけず、純粋な器楽音楽を作曲したブラームス派と、音楽以外の要素と融合させようとしたワーグナー派に分かれて論争が起きていた。結局、明確な結着はつかず。

国民楽派

イタリア・ドイツ的な技法・様式をベースに、それぞれの民族色の濃い音楽を作った作曲家を総称していう。チェコのスメタナ、ロシア五人組、北欧のシベリウスやグリーグ、スペインのアルベニス、ファリャなどがいる。

ワーグナー

ブラームス

ーヴェンの『第9交響曲』を発展させ、音楽や文学、舞台美術が一体となった総合芸術としての「楽劇」を創始した。

対して、音楽は純粋に音楽のみであるべきと、文学とは終始一線を画した作曲を行ったのがブラームス。古典派の様式に則りながら、抒情あふれる交響曲を作曲した。

世界各国の音楽事情

そんなドイツの音楽界に関係なく、オペラの伝統が脈々と受け継がれたのがイタリアである。前期ロマン派のロッシーニを経て、後期はヴェルディが活躍した。

さらに、これまで音楽面で辺境の地にあったロシアや東欧、北欧などでもようやく名曲が生まれ始める。当時はハプスブルク帝国の権力も失われ、ヨーロッパ各地でナショナリズム運動が高まりを見せていた時代。それぞれの地域で、民族独自の音楽を取り入れ、伝説や歴史を題材にするなど、国の独立を鼓舞するような音楽が熱望された。

やがて時代は世紀末へ突入。作品の規模は大きくなり、オーケストラの編成も巨大化した。古典派から築かれた秩序は、徐々に崩壊の兆《きざ》しを見せ始める。

形式・調性の崩壊と細分化

近現代音楽

19世紀末〜現代

おおよそ19世紀末（日本では明治時代）から第二次世界大戦の終わる頃までの西洋音楽を「**近代音楽**」とよんでいる。それ以降の音楽が「**現代音楽**」である。一九五〇年を境にして、この2つを区別しようとする意見などもある。「現代音楽」という呼び方も、果たしていつまでの期間を現代とするのか。戦後含めての音楽を百年後も「現代音楽」と呼んでいるかどうかは、もちろん疑問である。

さて話を近代音楽に戻そう。19世紀末、近代音楽界の主役はフランスであった。その背景には、一八七〇年に起きた**普仏戦争**がある。

プロイセンをはじめとするドイツ諸国に敗れ、降伏してしまったフランス。アルザス＝ロレーヌ地方の領土も奪われ、しかもドイツ帝国が誕生してしまう。だが、音楽文化では負けまい、ドイツに劣らぬ正統な器楽文化を創ろうと**フランス国民音楽協会**が設立された。自国の作品を演奏する機会を増やし、それによりオーケストラや室

1917年に革命が起きたロシアからは、ストラヴィンスキーら複数の作曲家が離れていくことに。

芸術の都の誕生

エッフェル塔の完成は1889年、パリ万博の年。資本主義経済の発展の下、パリでは華やかな文化が花開き、また万博をきっかけに世界中から目新しいものが流れ込んで、「芸術の都」と呼ばれるようになる。一方、アメリカでは1891年、「音楽の殿堂」となるカーネギーホールが完成。

おもな作曲家

ドビュッシー、
サティ、ラヴェル、
ストラヴィンスキー、
ショスタコーヴィチ、
ライヒなど

印象派・モネの絵

印象派を代表するフランスの画家モネ（1840～1926）の作品のひとつ、『夕暮れのウォータールー橋』。輪郭を曖昧に描くことで時間や状況（霧）を表現している。

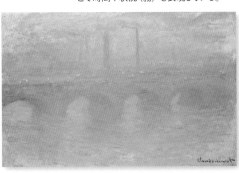

『4分33秒』

米国ジョン・ケージが1952年に発表した作品で、演奏者が4分33秒間まったく楽器を弾かず、沈黙する内容。一応、3楽章まであるが全部「休み」である。聴衆に偶然の小さな雑音を意識させるのが狙いだったというが。

内楽の名曲が生まれたのだ。中でもドビュッシーやラヴェルの音楽は、構成力のがっちりしたドイツ音楽に比べて、曖昧模糊《あいまいもこ》とした響きやリズムを持ち、その特徴が、輪郭のぼんやりした印象派の絵画と似ていることから、「印象派」と呼ばれるようになった。

20世紀は、バロックから古典派にかけて確立されたさまざまな秩序が破壊された時代でもある。一つは長調、短調という調性が崩壊し、ついに調性を持たない「**無調音楽**」が生まれたこと。またそれまでタブーだった不協和音が認められ、リズムの規則性も破られた。中でもストラヴィンスキーの『春の祭典』は、それまでたとえば4分の3拍子で始まった曲は、原則として終わりまで拍子が変わることがないという伝統を打ち砕き、複雑な組み合わせの拍子やリズムで作られた。

そして第二次世界大戦後、演奏の場における雑音や環境音も音楽の素材と考える偶然性の音楽も試みられ、アメリカではパターン化された音型やリズム型を少しずつずらしながら繰り返して構成する「ミニマルミュージック」も生まれた。

もはや時代を代表する様式が生まれない。それが現代音楽なのかもしれない。

1800年 1900年 2000年

18世紀 | 19世紀 | 20世紀

古典派 | ロマン派 | 近代音楽 / 現代音楽

(1678～1741)

(1685～1750)

(1685～1759)

ハイドン (1732～1809)

ジョージ・ワシントン (1732～1799)

ゲーテ (1749～1832)

マリー・アントワネット (1755～1793)

ベルサイユのばら、マリー・アントワネットの時代

モーツァルト (1756～1791)

ベートーヴェン (1770～1827)

ナポレオン (1769～1821)

ナポレオンの時代

シューベルト (1797～1828)

ベルリオーズ (1803～1869)

メンデルスゾーン (1809～1847)

エイブラハム・リンカーン (1809～1865)

ショパン (1810～1849)

シューマン (1810～1856)

リスト (1811～1886)

ワーグナー (1813～1883)

ヴェルディ (1813～1901)

ヨハン・シュトラウス2世 (1825～1899)

ブラームス (1833～1897)

坂本龍馬 (1836～1867)

チャイコフスキー (1840～1893)

ドヴォルザーク (1841～1901)

コナン・ドイル (1859～1930)

19世紀後半、英国ではホームズが活躍中

マーラー (1860～1911)

リヒャルト・シュトラウス (1864～1949)

サティ (1866～1925)

ラフマニノフ (1873～1943)

シェーンベルク (1874～1951)

ストラヴィンスキー (1882～1971)

1914 (～1918) 第1次世界大戦

1917 ロシア革命

1939 (～1945) 第2次世界大戦

1868～ 明治 | 1912～ 大正 | 1926～ 昭和 | 1989～ 平成

	1350年	1400年		1500年	1600年	1700年
世紀	14世紀	15世紀		16世紀	17世紀	
音楽史	中世西洋音楽			ルネサンス音楽		バロック時代

デュファイ（1397～1474）

バンショワ（1400頃～1460）

ジョスカン・デ・プレ（1450頃～1521）

パレストリーナ（1525頃～1594）

ヴィヴァルディ

バッハ

ヘンデル

ジャンヌ・ダルク（1412～1431）

英仏の百年戦争でジャンヌ・ダルクが活躍

カッチーニ（1550頃～1618）

モンテヴェルディ（1567～1643）

コレッリ（1653～1713）

トレッリ（1658～1709）

織田信長（1534～1582）

シェークスピア（1564～1616）

ガリレオ・ガリレイ（1564～1642）

コロンブス（1451～1506）

レオナルド・ダ・ヴィンチ（1452～1519）

1492年　コロンブス、新大陸に到達

音楽史年表

マリー・アントワネットやナポレオン、
（架空人物ではあるが）名探偵ホームズの時代、
どのような作曲家が活躍し、
彼らの耳に曲を届けていたのだろうか。

※ グレー の帯は、音楽分野以外の歴史人物

18世紀初頭、カリブで海賊・黒ヒゲが大暴れ

エドワード・ティーチ／黒ヒゲ（1680頃～1718）

日本史	1338～ 室町時代	1573～ 安土桃山	1603～江戸時代

クラシック音楽のいろいろ【テーマ】

音楽で手術の実況中継？

ベートーヴェンが愛した女性、テレーゼとはどんな女性だったのだろう？　それはきっと曲に表現されている。

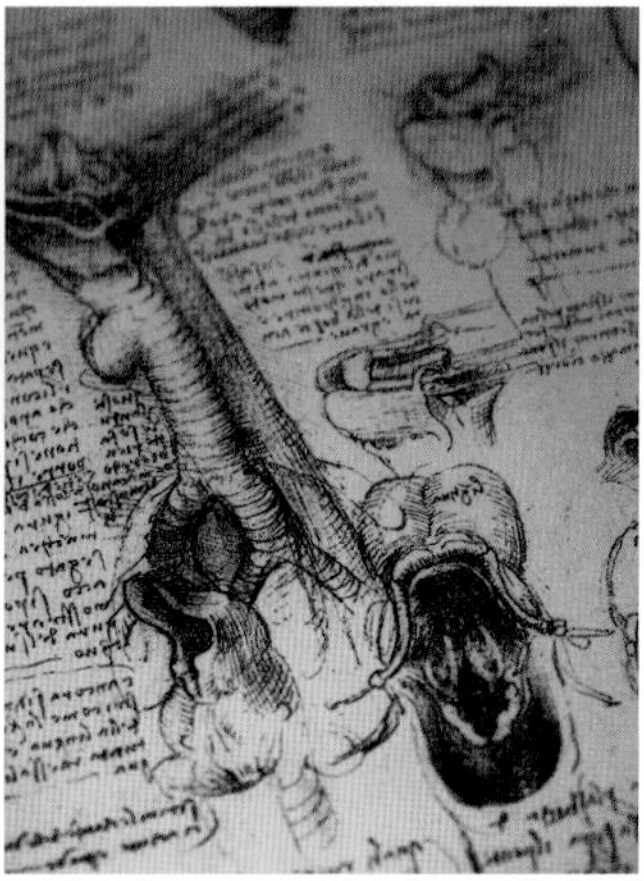

バロック時代の作曲家マラン・マレは、自身の手術体験をもとに『膀胱結石手術図』なる曲を書いている。当時は麻酔技術もなく、死ぬ思いをしたのだろう。

クラシック音楽には、実にさまざまなものをテーマにした作品が存在する。伝説、宗教、悲劇、喜び、郷愁、死……。オペラやバレエ音楽が物語の展開、登場人物の心などを表現しているのは当然だとしても、それ以外の曲であっても、深いドラマや、中には「手術」をテーマにした変わり種の曲さえ存在する。

たとえばベルリオーズの『幻想交響曲』も、いかにもファンタジックなタイトルではあるけれど、実は彼自身の失恋体験をもとに書かれたもので、人生に絶望した芸術家がアヘン自殺をはかり、さまざまな幻想を見るという、ちょっと危ないストーリー付きの作品で、大評判となる。

『エリーゼのために』は、ベートーヴェンが恋した女性のために書いた曲として知られているが、面白いのはエリーゼなんて女性、いなかったことだ。本当の名前はテレーゼだったのに、ベートーヴェンの書いた字が汚くて、読み間違えられてしまったという説がある。

あなたも興味を持った曲の背景や真のテーマ、隠された暗号などを一度、探偵気分で調べてみてはいかがだろうか。

おさえておきたい作曲家たち

それでは人類の音楽史に
多大な功績を残した作曲家たちを
時代順に紹介していこう。
勇気と根性の持ち主もいれば、
意外にだらしがなかったり、
お金儲けに長けていたり、と
結構いろいろ。

デュファイ
ミサ曲という音楽芸術を確立

■ギヨーム・デュファイ
（1397～1474年）

ベルギー ブリュッセル近郊ベーアセル生まれ、フランスのカンブレ没。ルネサンス音楽の初期に大きな貢献をしたデュファイは、ブルゴーニュ楽派の中心的人物。少年聖歌隊で音楽教育を受けた後、イタリアやフランスの宮廷や教会の聖職者として勤める一方、作曲活動を行い、後に大領主ブルゴーニュ公に仕えた。

この頃の日本

ルネサンス期は、日本では室町から戦国時代にあたる。1549年にフランシスコ・ザビエルが布教に来た際は、キリスト教とともにルネサンス時代の音楽やグレゴリオ聖歌も伝えていたとか。さまざまな楽器も輸入されており、鎖国前は日本でも演奏されていたという。

聴きやすさ
曲調の多さ
静けさ
ヒーリング
曲数の多さ
デュファイ
バンショワ

中世とルネサンス期の音楽の違いは、作曲家という存在が出現したこと（もちろん中世でも誰かが作っていたはずなのだが）。それでは、ルネサンス時代に活躍した作曲家たちから紹介していこう。この時期に名を遺した作曲家たちは、全員が聖職者か、あるいは教会の音楽隊などに雇われていた教会関係者である。

まずギヨーム・デュファイ。

中世時代のミサは、いつも同じ言葉・同じ旋律で歌われる〝**通常文**〟と、ミサごとに祈りの言葉の内容が異なる〝**固有文**〟の組み合わせで進行し、全体がつながって演奏されることはなかった。だがデュファイはミサで用いる曲全部を、音楽的に統一した大きな一つの曲としてまとめる方法を定着させる。これにより、ミサのための音楽は、〝**ミサ曲**〟という一つの音楽芸術として扱われるようになるのだ。

ルネサンス

教会音楽も世俗音楽も
バンショワ

■ジル・バンショワ
（1400頃～ 1460年）

ベルギー モンス生まれ、ソワニェ没。1419年、生誕地近く、モンスの聖ヴォードリュー教会のオルガニストに就任。のちに司祭、ブルゴーニュ公国宮廷での音楽家として活動する。ミサ曲ばかりでなく、世俗音楽の分野でも大活躍（現在一般的に使われている「シャンソン」の意味とは別に、この時代に作られた、フランス語による世俗歌曲のことも「シャンソン」とよぶ）。

ぜひ聴いてほしい！

■デュファイ
●『もしも顔が青いなら』▶

■バンショワ
●『アムール・スーイ』▶
（QRコードについてはP.9を参照）

15世紀の楽譜から。17 世紀頃までは五線譜でなく、4本線の楽譜も存在する。

この時代（15世紀）、現在のフランス東北部からベルギー、オランダにかけては、ブルゴーニュ公国が広がっていた。ここで活躍していた作曲家たちを「ブルゴーニュ楽派」とよぶが、右ページのデュファイのほか、ジル・バンショワも中心人物。

バンショワの歌は覚えやすく歌いやすいと、ミサでもてはやされた。彼の作曲したメロディは、のちの時代に作られたミサ曲にも流用されていることが多い。

またブルゴーニュ公のために、恋愛や騎士道などを扱った世俗音楽（教会外で使われた音楽。ラテン語ではなく自分の国の言葉で、恋愛や世相など多岐にわたるテーマを扱っている）も作曲。優雅でメランコリーあふれる曲調が特徴。流行《はや》り歌を作る才能があったのだろう。当時の評判も高く、後世の音楽界へも大きな影響を残した。

あらゆる作曲技法を操る ジョスカン

■ジョスカン・デ・プレ
（1450／55？～1521年）

フランス サン=カンタン近郊エノー生まれ、コンデ=シュル=レスコー没。当時は「美術がレオナルド・ダ・ヴィンチなら、音楽はジョスカン・デ・プレ」とまで言われていた。同じフランドル楽派の指導者、オケゲムから作曲を学び、その後ローマ教皇庁の聖歌隊、フランス王ルイ12世の宮廷楽団の一員などを経て、コンデ=シュル=レスコーのノートルダム教会の主席司祭に。

ダ・ヴィンチと同時代。モナ・リザもジョスカンの曲を聴いていたかもしれない。

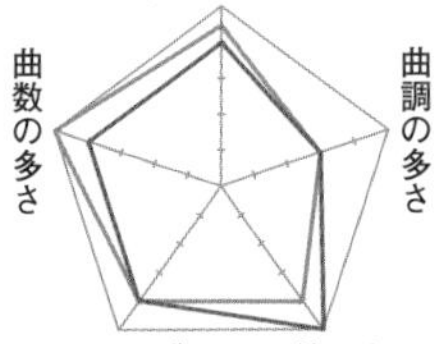
聴きやすさ
曲調の多さ
静けさ
ヒーリング
曲数の多さ
ジョスカン
パレストリーナ

金 持ちばかり優遇して、今の教会は堕落している！と怒り心頭、宗教改革に着手したマルティン・ルター（のちにプロテスタント派が誕生）。

ルターは、それまでのラテン語ではなく、ドイツ語による聖歌（**コラール**）を作ることで、さまざまな身分の人が歌えるようにした。自らもコラール複数を作詞作曲。

そのルターから「音符の主人」と呼ばれたジョスカンは、**フランドル楽派**（当時のフランドル地域で活躍した音楽家たち）のもっとも偉大な作曲家。

あらゆる作曲技法を操ったことでも有名で、その表現方法は、詩の内容に即して旋律や構成を選ぶというもの。教会音楽のモテット（ミサの通常文以外の宗教曲全体のこと）でも、同じ旋律を持つ複数の声部が、間を置いて追いかけてくる「**カノン**」という形式を編み出している。

ルネサンス

イタリア人音楽家登場！ パレストリーナ

■ジョヴァンニ・ピエルルイージ・ダ・パレストリーナ
（1525 ?～ 1594年）

イタリア ローマ近郊パレストリーナ生まれ、ローマ没。ジョヴァンニ・ピエルルイージが姓名の部分で、パレストリーナは出生地の名前である。ミサ曲を100以上、モテットを250以上作曲したといわれ、「教会音楽の父」とも呼ばれるが、当時流行したマドリガーレ（イタリア語による世俗歌曲）も多数作曲している。のちのバッハは、彼のミサ曲をよく研究していたという。

ぜひ聴いてほしい！

■ジョスカン
●ミサ曲『パンジェ・リングァ』▶

■パレストリーナ
●『教皇マルチェルスのミサ曲』▶

この頃の楽譜。音符が現在の形になるのは、17世紀の頃からである。

パレストリーナは、カトリックの総本山ローマで活躍した作曲家。19歳から、郷里のパレストリーナという小さな村の大聖堂でオルガン奏者を務め、最初の作品『ミサ曲集』を出版(グーテンベルクの活版印刷も前世紀に実用化されていた)。

その作品が、当時この教区の司教で、後にローマ教皇となるユリウス3世の目に留まり、その縁でローマ教皇庁の礼拝堂で聖歌隊の楽長などを務めることに。当時はフランドル楽派が中心の時代。ローマ教皇庁の音楽隊も、すべてフランドルから招かれた音楽家で構成されていたが、パレストリーナははじめてイタリア人音楽家として大きな名声を得る。なめらかで歌いやすい旋律と、歌詞が聞き取りやすく、音楽的に洗練されているのが特徴。その厳格な作曲技法は「パレストリーナ様式」と呼ばれ、後の作曲家の手本となった。

バロック

『四季』作曲の赤毛の司祭 孤児たちと舞台に立った

ヴィヴァルディ

髪が赤く、ニックネームは「赤毛の神父」。

■アントニオ・ヴィヴァルディ
（1678 ～ 1741年）

ヴェネツィアで生まれ、ウィーンで客死。幼少時代、理髪師兼ヴァイオリニストだった父の手ほどきでヴァイオリンを学ぶ。オペラの興行師としての一面もあり、50を超えるオペラも作曲している。

聴きやすさ
曲調の多さ
せつなさ
ドラマチック
曲数の多さ

作曲家でもあり、ヴァイオリニストでもあったヴィヴァルディ。もしその名を知らなくても、ヴァイオリン協奏曲『四季』のメロディを耳にしたら、多くの人が「あ、聞いたことがある！」と思うはずだ。

本業は、カトリック教会の聖職者。25歳で司祭になっている。だが生まれつき病弱で、ミサの最中にもぜん息の発作が。

そこで、教会付属のピエタ養育院で音楽教師を務めることになった。彼が作った五〇〇曲以上の協奏曲は、この養育院の演奏会のために作られたのだ。

当時ヴェネツィアには、捨て子や孤児を引き取る慈善施設が4つあり、音楽の才能に恵まれた少女たちは専門的な教育を受けていた。中でもピエタ養育院は、ヴィヴァルディの指導のおかげで飛躍的にレベルが向上。日曜ごとに行われた公開演奏はヴェ

音による風景画『四季』

かつて音楽作品は、作曲者の死とともに消え去るものだった。『四季』もヴィヴァルディの死後、250年ほども忘れられ、再び演奏されるようになったのは20世紀後半のこと。正確な曲名は、全12曲から成る協奏曲集『和声と創意の試み 作品8』の第1番から第4番。内容としては、作者不明のソネット（14行からなる抒情詩）に描かれた世界を音楽で表現しようとした、いわば“音による風景画”になっている。以下の各季節がそれぞれ“急 - 緩 - 急”の3楽章から成り立ち、退屈しない。

第1番 ――『春』
鳥たちが歌い、ニンフや羊飼いが楽しげに踊る。

第2番 ――『夏』
けだるい暑さと激しい嵐の対比が刺激的。

第3番 ――『秋』
豊かな収穫を喜ぶ村人たちの様子を描く。

第4番 ――『冬』
寒さに震えながらも、冷たい風に立ち向かっていく。

ぜひ聴いてほしい!
- ヴァイオリン協奏曲『四季』▶
- 協奏曲集『調和の霊感』

『春』では、「遠雷」の音も再現。低音の響く中、ソロヴァイオリンが稲光を表現する。

ヴィオラで再現された「犬の鳴き声」も登場。

ヴィヴァルディと曲を奏でたピエタ院の孤児たち。

ネツィアの名物となり、その収入がピエタ院運営の助けになったのだ。

ヴィヴァルディ自身もヴァイオリンを持って参加し、ヨーロッパ中にその名が知られるようになる。レコードやCDがなかった時代、旅行者が彼の作品の楽譜を土産に持ち帰ることも流行したという。

協奏曲は競争曲!?

ヴィヴァルディが確立したジャンル、**独奏協奏曲**は、一人の独奏者とオーケストラが演奏する曲。とはいえ独奏者が目立つ、現在の協奏曲スタイルとは違い、オーケストラと独奏者が交互に登場。丁々発止に競い合う。ヴィヴァルディ（教師）と生徒たちの腕くらべを意図して作られていたのだろうか。強弱や緩急の対比、明快なリズム。スリリングな掛け合いが魅力。

バロック

ザ・グレーテスト・ショーマン！
ドイツ生まれの英国作曲家

ヘンデル

■ゲオルク・フリードリッヒ・ヘンデル
（1685～1759年）

ドイツ ハレで生まれ、ロンドン没。バッハと同じ年・同じ国に生まれたが、ヘンデルのほうが1ヶ月早かった。当時、音楽家になるには、父の仕事を継いでの形が多かったが（バッハもそう）、ヘンデルの場合、家系に音楽家はおらず、父は外科医だった。富と名声を得ながらも生涯独身。

聴きやすさ
曲調の多さ
ダイナミック
ドラマチック
曲数の多さ

ドイツ生まれのヘンデルが、ロンドンに渡ったのは25歳のとき。10代半ばでオペラに興味を持ち、イタリアに3年ほど滞在してこの地のオペラの様式を身につけたヘンデルは、自作のオペラを上演する地としてロンドンを選んだのだ。

当時のロンドンは、交易が活発で経済力も豊か。音楽の一大消費都市でもあり、海外スターを呼んでのコンサートが盛んだった。報酬もヨーロッパで一番だったという。

そんなロンドンで、ヘンデルは自作のイタリアオペラを上演し、華々しくデビュー。以後亡くなるまで、半世紀あまりこの地で暮らし、途中イギリスに帰化するのだ。

作曲家であり、プロデューサー

ヘンデルはオペラを作曲するだけでなく、オペラのプロデュースも手がけてい

『水上の音楽』誕生のわけ

実はヘンデルがイギリスへ渡った時の肩書きは、ドイツ・ハノーファーの宮廷楽長。1年もの有給休暇の間に自作オペラが成功し、帰国命令を無視してロンドンに居続けることに。だが、後にハノーファーの選帝侯が、イギリス国王となったことで大慌て。ご機嫌うかがいのため、舟遊びと音楽を同時に楽しむ大演奏会を企画したという。

『王宮と花火の音楽』の苦労

またヘンデルは1749年、バッキンガム宮殿のそばで、花火と音楽を楽しむ大イベントも指揮している。実は近年、この再現が試みられたが（私、監修・宮本も参加）、花火のタイミングが合わないなど、まことに難儀。実はヘンデル自身も、花火が点火しない、パビリオンが火事になるなど、そうとう苦労したらしい。

ぜひ聴いてほしい!

- オペラ『リナルド』
- オペラ『セルセ〈クセルクセス〉』
- 管弦楽曲『水上の音楽』▲
- 管弦楽曲『王宮の花火の音楽』
- エアと変奏『調子のよい鍛冶屋』
- オラトリオ『メサイア』

た。つまりオペラをどういう形で興行したらチケットが売れるかまで考え、ときには自ら劇場を借りて歌手を雇う、興行主を務めることもあったという。ピカデリーサーカス近くの彼の住居（現在は博物館）には、自作の楽譜やチケットを販売したり、リハーサルを行う部屋もあったほど。

だが、当初人気を得ていたイタリアオペラが徐々に聴衆に飽きられ、一時多額の負債を抱えることに。そんな状況を救ったのが、英語によるオラトリオだった。（オラトリオは物語を追う形の演奏会。簡単にいえば、オペラには芝居があるが、オラトリアにはないのが普通）

中でも『メサイア』（メシアの意）は彼の代表作となり、多額の収益を上げたのだ。

晩年は富と名声を得、成功のうちに世を去った。現在はイギリスの作曲家として、ウェストミンスター寺院に眠っている。

バロック

バロック時代 最末期、荘厳なる巨星、現る！

バッハ

一説では身長180センチの巨漢。当時の正装ファッションであった白髪のカツラを使用。実際はツルツルに剃髪していたらしい。

■ヨハン・セバスチャン・バッハ
（1685～1750年）

ドイツ アイゼナッハ生まれ、ライプツィヒ没。8人兄弟の末っ子として生まれ、当初はドイツ各地で教会のオルガニストを、その後ケーテンでの宮廷楽長などを経て、38歳から27年間、ライプツィヒの聖トーマス教会のカントル（音楽監督）を務めた。

先祖も子どもも音楽家ばかり。そんな音楽家一族、バッハ家の中で最も有名なのがヨハン・セバスチャン・バッハ（「大バッハ」ともよばれる）。バロック時代最末期に登場したこの巨星は、意外にも、生涯を通して生まれ育ったドイツから一歩も出ず、主にルター派のプロテスタント教会で礼拝用の音楽を作曲した。

〝礼拝用の音楽〟――こう書くと、一見とっつきにくさを感じるかもしれないが、おそらく多くの人が耳にしたことがある『主よ、人の望みの喜びよ』も、礼拝で歌われる教会カンタータ。もともと教会音楽は、信者たちの心を惹き付け、瞑想へと誘う役割があり、聞きやすく、心が洗われるような美しいメロディも多いのだ。

10歳の頃、長兄からオルガンの手ほどきを受け、当初は教会のオルガニストとして演奏技術を磨いたバッハ。だが作曲に関し

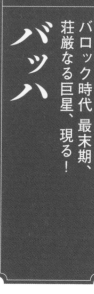

今も当時の建物が残る聖トーマス教会

カントルってどんな仕事？

バッハが務めていた**カントル**（カントール）という仕事は、まさにハードワーク。日曜日の礼拝のために毎週、作曲か選曲かを行ない、必要なアンサンブルを作って指導、そして演奏本番。また、クリスマスや復活祭には、オラトリオや受難曲の大作なども準備しなければならなかった。付属の合唱団があれば、寄宿舎での少年たちの教育や監督もこなしたという。カントルは今も存在する職業で、ヨーロッパで修行中の演奏家にとって大切なバイト収入になっている。

ぜひ聴いてほしい！

- カンタータ第147番『心と口と行いと生活で』（第10曲コラール『主よ、人の望みの喜びよ』）▲
- 管弦楽組曲第３番（第２曲が『G線上のアリア』）
- ブランデンブルク協奏曲第1〜6番
- 無伴奏チェロ組曲
- 無伴奏ヴァイオリンのためのソナタとパルティータ
- 平均律クラヴィーア集
- トッカータとフーガ　ニ短調
- クリスマスオラトリオ
- マタイ受難曲
- ヨハネ受難曲
- ミサ曲 ロ短調

バッハの直筆譜

テンポや強弱、楽器の指定などが書き込まれていないのがバッハの楽譜の特徴。だが、「ドルチェ」などの記入もあり、ドルチェ（スイーツ）だから「甘く」の意味でいいか、今も議論になることが。

子どもは20人！

バッハは、最初の妻マリアとの間に7人、再婚後には13人の子を授かっている。男児には音楽家も多く、末子のヨハン・クリスティアン・バッハ（右）は、モーツァルトに影響を与えるなど、古典派音楽への橋渡し的存在となった。

てはほぼ独学で、そのよりどころとなったのが先達たちの音楽だった。少年時代から北ドイツやフランスの作曲家の写譜（楽譜の書き写し）をして、いろいろな作曲様式を学び、音楽家として高い評価を得た後も、ヴィヴァルディの協奏曲を鍵盤楽器用に編曲。その技法を体得したという。

そんなさまざまな時代の音楽を吸収し、集大成した多様さが、バッハ音楽の魅力でもあるのだ。

優れた器楽曲を集中的に作曲した時代

教会と切っても切れないバッハの音楽。とはいえ、一時は宮廷楽長の職に就き、いわゆる世俗音楽を数多く作曲した時代もある。『ブランデンブルク協奏曲』もそのひとつ。純粋に音楽を奏でる喜びが、いきいきとあふれ出ている。

「交響曲の父」は
職人カタギの音楽家
ハイドン

■フランツ・ヨーゼフ・ハイドン
（1732～1809年）

オーストリア、ローラウ生まれ、ウィーン没。車職人大工の息子であったが、音楽学校の校長であった叔父に才能を認められ、６歳で勉強を開始。８歳で聖シュテファン大聖堂の少年聖歌隊メンバーに加わり、９年活動。別の貴族に仕えたあと、エステルハージ侯爵家の副楽長（後に楽長）となる。その契約書には「殿下の命じる音楽を作曲する義務を持ち、殿下の承認と許可なしに他人のために作曲をしてはならない」などと書かれている。

侯爵家では白髪かつらを着用。フリフリで鮮やかな色の制服を身につけ、白い靴下を履くよう義務づけられたという。

聴きやすさ
曲調の多さ
安定感
ドラマチック
曲数の多さ

生涯作った交響曲は一〇〇曲以上。弦楽四重奏曲も、編曲を入れずに70曲ほど。まさに**「交響曲の父」**、**「弦楽四重奏曲の父」**とよばれるにふさわしいハイドン。

とはいえ、ある日突然ハイドンが、それらの曲を〝無〟から生み出したわけではない。前頁のバッハからハイドンに至るまで、実は多くの作曲家が存在したことを頭に入れておこう（たとえばバッハの末子クリスティアン・バッハ。その影響は、ハイドン前期の作品に感じることもできる）。

さて、29歳から58歳までの約30年間、ハンガリーの大貴族、エステルハージ侯爵家に仕えたハイドン。奉公人として週2回行われるコンサートや折々の祝典などのために日々作曲をしていた。早い話、その場限りの音楽を作曲するのが仕事だったのだ。究極の奉公は、エステルハージ侯が愛奏していたバリトンという低音弦楽器のために一七

ウィーンに残るハイドンの家 現在は博物館

ハイドンの音楽は、当時としてはかなりアグレッシブ。アバンギャルドでユーモアもあり、独特の世界観もある。実は「隠れた名作曲家」であり、その存在はハイドンの母国オーストリアにとっても誇りにもなっている。

ぜひ聴いてほしい！
- 交響曲第45番『告別』▶
- 交響曲第94番『驚愕』
- 弦楽四重奏曲『ひばり』
- オラトリオ『天地創造』
- オラトリオ『四季』

バリトンってどんな楽器？

チェロに似た低音の弦楽器で、17世紀中頃に考案されたのがバリトン。弓で弾く6〜7本の弦の他に9〜10本の共鳴弦があり、これを親指ではじいて演奏することができる。19世紀ごろ消滅したが、近年復元され、演奏されるようになっている。

交響曲第94番『驚愕』！

聴衆を飽きさせない工夫のよい例がこの曲。第2楽章冒頭、最弱音でしばらく演奏された後、突如ティンパニーを伴って大音量で演奏。聴衆をびっくりさせてやろうとの実験的意図が感じられる。

○曲以上の作品を書いたこと。ご主人様のためだけに、これほどの数を作曲したのだ。

もっともハイドンの強みは、長年にわたる「作曲→演奏→聴衆の反応を見る」という一連の実践の繰り返しにより、聞き手を飽きさせない工夫を身につけたこと。結果として、誕生まもない交響曲や弦楽四重奏曲の基本形式を構築していったとも考えられるのだ。

脱サラ大成功！

そんなハイドンが真の成功を得るのは、宮仕えを辞めてから。2度のロンドン滞在でコンサートを開き、自作の交響曲で大成功。傑作といわれる作品も、大半は後半生に作られた。『天地創造』『四季』などのオラトリオでも成功し、晩年は名声を獲得する。人気が高かったため、ニセ物のハイドンの曲まで出版されていたという。

古典派

モーツァルト

旅から旅の人生を送った心は子どもの天才音楽家

■ヴォルフガング・アマデウス・モーツァルト
(1756 ～ 1791年)

オーストリア ザルツブルク生、ウィーン没。わずか35年の人生だったにもかかわらず、器楽、声楽、交響曲、オペラと、あらゆるジャンルで傑作を書いた。当時は貴族の権力に翳りが見えていたこともあり、地位あるポストに就けなかったが、その作品は色褪せることなく、今日も繰り返し演奏され続けている。

ちなみにビール党。遊び好きで借金を抱えるなど人間臭い一面も。清濁あわせ持つからこそ、湧き出る音楽も豊かで深かったとも言える。

聴きやすさ
曲調の多さ
ピュア
ドラマチック
曲数の多さ

4歳で父親から音楽を学び、翌年には作曲を始めていたというモーツァルト。6歳から始まった、旅、また旅の人生は、幼少期にはその才能を広く世に知ってもらうため、そして青年期には安定したポストを得る、職探しを目的に行われた。

ミュンヘンやウィーンの宮廷での演奏を皮切りに、ドイツの主要都市やフランス、イギリス、オランダ、イタリア…。ときには長期滞在してさまざまな音楽家や音楽と出会い、多くを吸収。9歳で交響曲、12歳でオペラを作曲し、数々の傑作を生み出したのは、生まれもっての才能によるだけではない。この莫大な音楽体験を自分の血肉にし、独自の音楽を作る糧にしたからこそ生まれたのだ。

そんなモーツァルトがウィーンで音楽活動を始めるのは25歳のとき。一時は故郷ザルツブルクの宮廷音楽家となって、社交音

モーツァルトの遺体が共同埋葬された墓地には、現在有名な「嘆きの天使」像が置かれている。

その死の謎

『レクイエム』作曲中に訪れたモーツァルトの死。実は「毒を盛られた」と書かれた手紙が残されており、盗作がらみの殺人ではないかと当時、ウィーン宮廷楽団の楽長だったアントニオ・サリエリ（左）を疑う噂も流れた。真偽は不明。だがサリエリはベートーヴェン、シューベルト、リストらを育てた偉大な教育家であった。

ぜひ聴いてほしい！

- オペラ『フィガロの結婚』
- オペラ『ドン・ジョバンニ』
- オペラ『魔笛』
- ピアノ協奏曲第20番（第２楽章▲）
- 交響曲第25番、第35番『ハフナー』、第36番『リンツ』、第38番『プラハ』、第39番、第40番、第41番『ジュピター』
- セレナード『アイネ・クライネ・ナハトムジーク』
- ピアノソナタ第11番（３楽章は『トルコ行進曲』）
- 『レクイエム』

純粋無垢な面と俗っぽさと

モーツァルトの曲には生涯、子どものような純粋さを失わなかったと思わせる清らかさがある。だがそれゆえか、子どもと同じで「ウ○コ」をネタにするのが大スキ。「プラーターに行ったらウ○コとハエばかり」という歌詞の曲や、『ぼくのお尻をなめろ』というタイトルの声楽曲まで作っている。

楽や教会音楽などを作曲していたものの、権力者である大司教とのいざこざで、当時としては珍しいフリーランスの音楽家に。以後ピアノを教え、会員を募って予約演奏会を開いたり、注文に応じて曲を作ったり。楽譜の出版も大切な収入源だったという。

演奏家にとってのモーツァルト

モーツァルトの曲は、技巧的にはそれほど難しくはないものの、オーディションやコンクールの課題となることが多い。それは、音楽家としての資質が問われるから。変なクセなく、華麗にエレガントに、味わい深く奏でられるか、その全部が演奏でわかってしまうのだ。いくら卓越した技術を持っていても、それだけでは単なる、つまらない音の羅列になってしまう。モーツァルトの曲にはそんな難しさもあるのだ。

古典派

運命に立ち向かい、音楽の概念を変えた音楽家

ベートーヴェン

ボサボサの髪。浮浪者に間違われて、警察に逮捕されたこともある。

■ルートヴィヒ・ヴァン・ベートーヴェン
（1770 ～ 1827年）

ドイツ ボン生まれ、ウィーン没。祖父、父親ともに音楽家で、ごく自然に音楽教育を受け、22歳でウィーンへ。ハイドンなどに師事した。当初は、即興が得意なピアニストとして人気を博し、やがて作曲を専業に。生涯で135曲ほどの作品を発表し、56歳で肝硬変により亡くなる。病床で10番目の交響曲に着手していたという。

愛読書は1774年に出版された、ゲーテの『若きウェルテルの悩み』

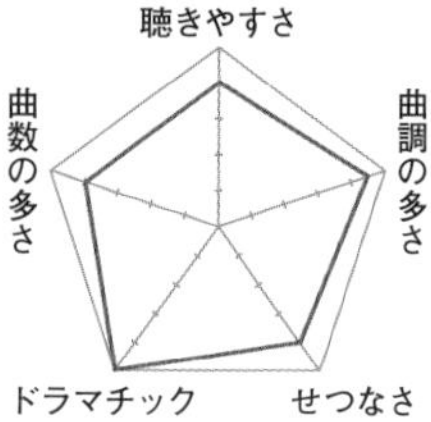

ワイルドな髪型は地毛のもの。宮廷に仕えるためのかつらをかぶっていない。『運命』『第９（交響曲第９番）』などで知られるベートーヴェンは、生涯一度も主《あるじ》を持たなかった、いわば最初の自立した音楽家である。宮廷仕えの職人から芸術家へ、18世紀末のフランス革命以降、音楽家のあり方が変化したのだ。

実は当時まで、音楽はその場限りの嗜好品。使い捨て同然だった。だがベートーヴェンはその考えに反発。音楽も文学や哲学と同様、いかに生きるべきかを示唆する道具であり、人間性を高めるすぐれた芸術だという思想を打ち立て、実践する。

だが20代後半、作曲家として自立し始めた矢先に進行性難聴が発症。一時は自殺を考え、遺書まで書いたものの、音楽家として生き抜くことを決意。数々の傑作を生み出すのだ。

北斎（1760？～1849年）の『富嶽三十六景』から。

北斎とベートーヴェン

隣人トラブルや掃除嫌いで、生涯引っ越しを続けたことでも有名。その数、79回！ ちなみにほぼ同時代、江戸時代の日本に生きていた浮世絵師・葛飾北斎は、88年の人生で引っ越しを93回行ったという。

ベートーヴェンの時代の補聴器

この時代の補聴器はラッパ型。ピアノに耳を当てて、作曲したという話も知られる。ベートーヴェンの難聴の原因は、当時のワインの甘味料による「鉛中毒」または「耳硬化症」であったらしい。

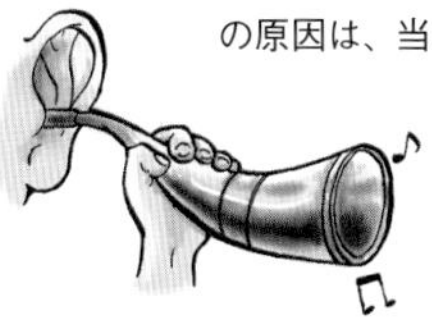

ぜひ聴いてほしい！

- 交響曲第３番『英雄』、第５番『運命』、第６番『田園』、第７番、第９番（合唱付き）
- バガテル『エリーゼのために』
- ピアノソナタ第８番『悲愴』、第14番『月光』、第21番『ワルトシュタイン』、第23番『熱情』、第29番『ハンマークラヴィーア』
- ピアノ協奏曲第５番『皇帝』
- ピアノ三重奏曲『大公』
- ヴァイオリンソナタ第９番
- 弦楽四重奏曲（とくに第12～16番）

ベートーヴェンは献呈魔

ベートーヴェンの主な収入源は、演奏会の入場料や楽譜出版によるもの。貴族女性にピアノを教えたりもしたが、それだけでは生活は成り立たない。そこで、パトロンである貴族たちに自作を献呈。謝礼を貴重な収入源とした。ベートーヴェンは、作品が高く売れることにも注意を払って創作ができる、すぐれた腕と頭の持ち主だった。

革命的な作品を超えた晩年の境地

ベートーヴェンは、ハイドン、モーツァルトから続く**交響曲**の伝統を確立した作曲家。だが革命的な作品も多く、『交響曲第３番〈英雄《エロイカ》〉』は全体の演奏時間が45分近くと、当時では異例の長さを持ち、一八二四年初演の『第９』では合唱を加え、聴衆を驚かせた。

さてこの『第９』、日本ではあまりに有名だからか、ベートーヴェンの最高傑作だと信じ込んでいる人もいる。だが音楽家の多くは、そうは思っていないだろう。確かに『第９』は傑作だ。だが実は、もっと晩年近く、作品番号（P95参照）一三〇以降の『**弦楽四重奏曲**』などは、彼の純な部分、謙虚な姿勢も垣間見られ、寡黙なのに言いたいことは言っている、まさに音楽家ベートーヴェンの真髄が現れた名曲になっている。

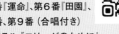

ロマン派

シューベルト

湧き出る泉のように作曲を続けた歌曲王

■フランツ・シューベルト
（1797～1828年）

ウィーン生まれ、ウィーン没。教師でアマチュア音楽家だった父の影響で幼少より音楽を学び、11歳から全寮制の帝室王室寄宿神学校に入学。16歳で卒業するまでに、多くのピアノ曲や室内楽曲、最初の交響曲を作曲していた。18歳で歌曲『魔王』を作曲。学校教師として働いていた時期もある。

身長155センチほどで頭でっかち。シュウムメル（小さなマッシュルーム）というあだ名で呼ばれていた。

聴きやすさ
曲調の多さ
せつなさ
ドラマチック
曲数の多さ

ウィーン生まれ、ウィーン育ち、ウィーンで亡くなったシューベルト。わずか31年の短い生涯で作った作品は、未完や小品も合わせて一〇〇〇曲近く。中でもゲーテやハイネなど、ドイツ語の詩による歌曲（リート）は六〇〇曲以上も作曲した。

歌曲とはおもに一人、または少人数で歌うために作られた小曲のこと。今風にいえば「作詞ゲーテ／作曲シューベルト」の歌謡曲を作っていたわけだ。

もっともその多くは、依頼者もない自主制作。教会や宮廷などへの就職活動も、うまくいかなかった。

シューベルトを支えたのは、多くの音楽仲間たち。世間での認知度は低くても、後援者は少なくなかった。友人宅のサロンでは「シューベルティアーデ（シューベルトを囲む仲間たち）」と呼ばれる演奏会が頻繁に催され、新作発表の場になっていた。

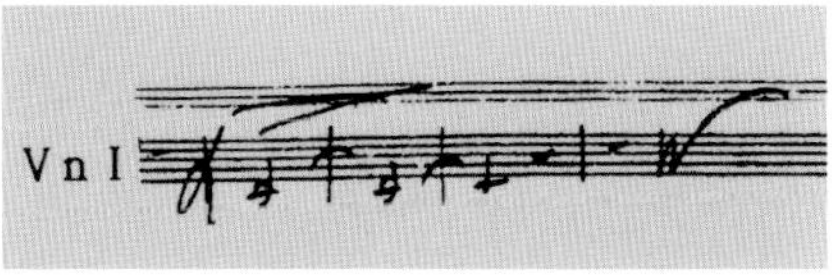

シューベルトの自筆譜は演奏者泣かせ。たとえば上の>という記号は、音を徐々に弱くするディミヌエンド（>）か、音を強調するアクセント（>）か意見が分かれる。録音のための演奏で、念のため両方収録したことも（監修・宮本）。

シューベルトの眼鏡

父親との軋轢で家を出て、友人の家を転々としていたシューベルトの遺品はごくわずか。博物館には愛用の眼鏡が展示されている。いつも寝る直前まで作曲していた彼は、眼鏡をかけたまま寝ていたという。

ぜひ聴いてほしい！

- 歌曲『糸を紡ぐグレートヒェン』『魔王』『アヴェ・マリア』『ます』▶『野ばら』『音楽に寄す』
- 歌曲集『美しき水車小屋の娘』『冬の旅』
- 交響曲第７番『未完成』、第８番『グレイト』
- ピアノ五重奏曲『ます』
- 弦楽四重奏曲第14番『死と乙女』
- アルペッジョオーネソナタ
- ピアノ曲『さすらい人幻想曲』『４つの即興曲』
- ピアノ曲集『楽興の時』

『冬の旅』のピアノ伴奏

死の前年に作曲されたこの連作歌曲集は、白眉の作品。ピアノも単なる伴奏で終わらない。5曲目『菩提樹』では葉のざわめきと主人公の不安を、15曲目『からす』では、主人公の死を待つカラスが、頭上を旋回する様子やその羽ばたきを表現。歌と一体となり、深い孤独感を表現する。

自作品のみの公開演奏会を初めて開いたのは、最晩年のこと。歌曲やピアノ曲のみならず、交響曲やオペラの分野でも広く認められるための第一歩だったが、まさにこれからというとき、彼の人生は終わりを迎えた。梅毒とも伝えられる。

シューベルトは14の交響曲を作曲している。だがそのうち6曲が未完。有名な『未完成交響曲』も第3楽章9小節で中断されており、初演は没後37年目だった。

ロマン派への架け橋になった歌曲

シューベルトの音楽は、詩情豊かで瑞々《みずみず》しいメロディが魅力。特に歌曲は18歳の1年間で一四五曲も作曲したほど要《かなめ》となるジャンル。歌とピアノが一体となって詩に描かれる心情や風景を表現する手法は、後の作曲家に受け継がれた。

ロマン派

作曲以外の功績も大きい メンデルスゾーン

■フェリックス・メンデルスゾーン
（1809 ～ 1847年）

ドイツ ハンブルク生まれ、ライプツィヒ没。端正で伸びやかなメロディが魅力の名曲『ヴァイオリン協奏曲』の作曲者メンデルスゾーンは、銀行家の父を持つ裕福な家の出身。幼少から英才教育を受けてさまざまな教養を身につけた。音楽面でも12歳でオペラを作曲したり、即興演奏で文豪ゲーテを仰天させたり。
中でも、後世に残る大きな功績は、20歳のときにバッハの『マタイ受難曲』を復活上演し、長らく忘れられていたバッハの再評価への流れを作ったこと。後に指揮者としても引っ張りだこになり、ライプツィヒに音楽院も設立した。

メンデルスゾーンが38歳で急死したのは、心の支えだった姉ファニーが他界して半年後のことだった。４歳年上のファニーはピアニストでもあり、作曲家、指揮者としての才能も持っていた。作品は『ピアノソナタ　ハ短調』『六つの園の歌』など。

ロマン派

標題音楽を誕生させた ベルリオーズ

■エクトル・ベルリオーズ
（1803 ～ 1869年）

フランス ラ・コート=サンタンドレ生まれ、パリ没。医師の息子で、当初は医学校に通っていたベルリオーズ。だがオペラに魅せられ、両親を説得してパリ音楽院に。4年後には代表作『幻想交響曲』を作曲するのだから、ただ者ではない。
しかもこの交響曲は『ある芸術家の生涯のエピソード』という副題や、各楽章に標題がつくというユニークな特徴を持っていた。実は、失恋から生まれた交響曲が、「標題音楽」という新たなジャンルを生んだのだ。文学的な要素と融合したこのジャンルは、後にリストの「交響詩」などに受け継がれる。

一人の芸術家が失恋。アヘン自殺を図るが死にきれず、さまざまな幻想を見る、というのが『幻想交響曲』の内容。まだ無名のベルリオーズが、女優ハリエット・スミッソンに失恋して書いた曲だが、なんと３年後、二人は結ばれる。

ロマン派

指を傷めて作曲家に シューマン

家業を継いで音楽家になったのではなく、3人ともが自らの意志で作曲家となった。ロマン派の特徴である。

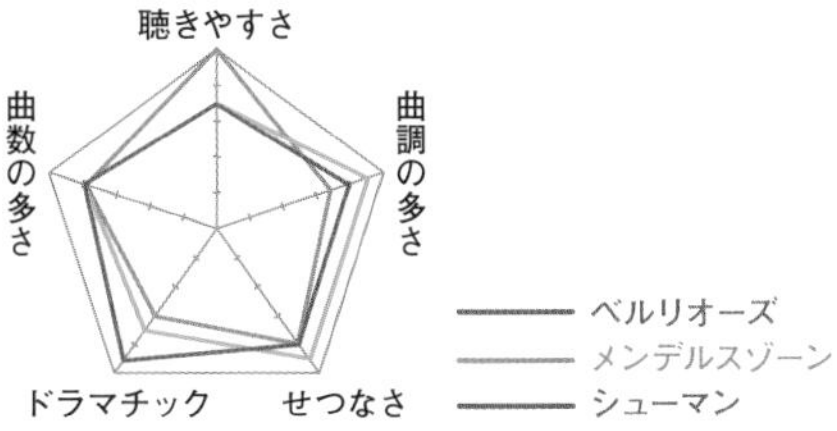

聴きやすさ
曲調の多さ
せつなさ
ドラマチック
曲数の多さ
ベルリオーズ
メンデルスゾーン
シューマン

ロベルト・シューマン
（1810 ～ 1856年）

ドイツ ツヴィッカウ生まれ、エンデニヒ没。書籍商を営む家で生まれ、音楽だけでなく文学面でも才能を発揮したシューマン。当初は大学で法律を専攻し、音楽の道を志したのは20歳のとき。だが、指を痛めてピアニストになることを断念。作曲の道に進んだ。

シューマンは、ある時期に一つのジャンルを集中して作曲するという特徴がある。1830年代はピアノ曲、1840年は歌曲、1841年は交響曲、1842年は室内楽曲……。また音楽評論という分野でも活躍し、同年齢のショパンの作品を絶賛している。晩年は心を病み、精神病院で最期を迎えた。

童話作家と音楽家たち

シューマンやリスト、メンデルスゾーンなどと交流があったというデンマークの童話作家アンデルセン（1805～1875）。メンデルスゾーンの方は1834年初演の序曲『美しいメルジーネの物語』で、アンデルセンはその３年後に発表の『人魚姫』で、それぞれ“水の精”の悲恋を扱っている。

ぜひ聴いてほしい！

■ベルリオーズ
- 『幻想交響曲』▶

■メンデルスゾーン
- 交響曲
第３番『スコットランド』、第４番『イタリア』
- 付随音楽『夏の夜の夢』
- ヴァイオリン協奏曲、ピアノ曲『無言歌集』、歌曲『歌の翼に』

■シューマン
- 交響曲第３番『ライン』
- ピアノ曲『謝肉祭』『幻想小曲集』『子どもの情景』『クライスレリアーナ』『ユモレスク』
- 歌曲集『女の愛と生涯』『詩人の恋』

ピアノの師、ヴィークの娘であり、人気ピアニストでもあったクララと結婚したシューマン。1840年、あふれるように歌曲を作曲した背景には、彼女への愛があった。『詩人の恋』など傑作歌曲集も生まれている。

ロマン派

ショパン

孤独な「ピアノの詩人」、パリ社交界で異彩を放った作曲家

■フレデリック・ショパン
（1810 ～ 1849年）

ポーランド ジェラゾヴァ・ヴォラ生まれ、パリ没。生後約半年でワルシャワに移り、7歳のときに自作のピアノ曲が楽譜出版される神童で、愛情あふれる家庭で育った。生まれつき病弱で、療養のため訪れた田舎で出会った民族音楽に大きな影響を受ける。ロシアの圧政に対する革命の気運が高まる中、20歳で祖国を離れ、パリで成功。以後、一度も帰ることなく39歳で他界した。

詩人とよばれながらも、自分自身では作品にタイトルを一切つけなかった。当時の時流では珍しい。

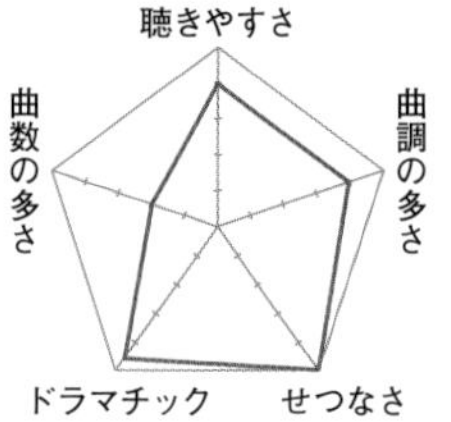
聴きやすさ
曲調の多さ
せつなさ
ドラマチック
曲数の多さ

生涯を通してほとんどピアノ曲しか作曲しなかったショパン。この**「ピアノの詩人」**が活躍したのは、多くの人が集まるコンサートホールではなく、パリ社交界の**サロン**（貴族の邸宅などで開かれる交流会）だった。当初は作曲家よりも**ヴィルトゥオーソ**（超絶技巧演奏家）として有名で、毎晩のように上流階級の人々が集《つど》う場で、即興演奏を披露。新作も発表し、音楽家としての知名度を上げた。

19世紀前半のパリは、数多くのピアニストがひしめき合う激戦区。その中でショパンがひときわ異彩を放ったのは、ピアノのテクニックや上品な容姿だけでなく、その音楽が個性的だったから。少年時代、祖国ポーランドの田舎で、農民たちが歌い踊る民族音楽と出会ったショパンは、その音楽を自分なりに昇華させ、『英雄ポロネーズ』などの芸術作品を生み出した。

ショパンの心臓が眠る柱。アルコール（おそらくコニャック）に漬けられているらしい。

ショパンの心臓が眠る教会

名声を得た頃、ショパンはロシア大使から「政府お抱えの首席ピアニストにならないか」と提案されたことがある。ロシアはポーランドを支配している国。この申し出をきっぱり断ったことで、彼は亡命者とみなされ、祖国に戻れなくなった。死に際し、「心は祖国に」と言い残している。そして現在、彼の心臓はポーランドの首都で、聖十字架教会の柱の中に安置されている。

ぜひ聴いてほしい！

- ピアノ協奏曲1番
- ピアノソナタ2番〈葬送〉
- ピアノソナタ3番 ●幻想曲
- スケルツォ2番 ●幻想即興曲▲
- 舟歌 ●前奏曲集（『雨だれ』など）
- ポロネーズ『5番〈英雄〉』『7番〈幻想〉』
- 練習曲集（3番〈別れの曲〉12番〈革命〉）
- ワルツ『1番〈華麗なる大円舞曲〉』『6番〈小犬のワルツ〉』

女流作家サンドとの恋

ジョルジュ・サンド

生涯独身だったショパンに大きな影響を与えた女性がジョルジュ・サンド。二児の母で、作家として自立。男装して葉巻をくゆらすサンドに、ショパンは当初不快感を表していた。だが急速に恋愛関係に発展。2人はサンドの子たちと一緒にマヨルカ島へ。彼女をめぐっては、ショパンに決闘を申し込む男もいたという。その後、サンドの気遣いで作曲活動を充実させたショパンだったが、9年を経て別離。作曲意欲を失っていく。

ショパンが生きた時代、ポーランドは周囲の国々（ロシア帝国など）に領土を分割され、国家が消滅している状態だった。自分の音楽を通し、失われた祖国の存在を広く世に知らしめる。そんな強い想いが、作曲のモチベーションの根底にあったのだ。

転機となったマヨルカ島への旅

そんなショパンが社交界から距離を置き、数々の傑作を生み出すのは、スペインのマヨルカ島への旅で体調を悪化させ、死の淵を垣間見てから。有名な『雨だれのプレリュード』は、この地で作曲されている。なお、ショパンはピアノ作品ばかりを作曲し、オペラや交響曲には生涯取り組まなかったが、2曲の『ピアノ協奏曲』などの協奏作品や『チェロソナタ』などの室内楽曲、歌曲を遺している。

ロマン派

リスト

「ピアノの魔術師」から作曲家へ そして交響詩の創始者に

■フランツ・リスト
（1811 ～ 1886年）

ハンガリー ライディング生まれ、ドイツ バイロイト没。幼少より才能を現し、ウィーンでピアノを学んだ後、パリのサロンで人気を得る。だが15歳のとき有能なマネージャーとして支えてくれた父親が急死。演奏活動を休止し、ピアノ教師となったことも。演奏活動再開後は、ヴィルトゥオーソ（達人）の道を究め、28歳から８年間ヨーロッパ中で演奏ツアーを行う。本格的に作曲に取り組むのは36歳から。ドイツ・ヴァイマールで宮廷楽団の常任楽長の職に就き、指揮を通して管弦楽の修練も積んだ。

女性ファンが多く、風呂の残り湯が売られたことも（ニセ物？）。

聴きやすさ
曲調の多さ
せつなさ
ドラマチック
曲数の多さ

端整なルックスと卓越した演奏。パリの社交界でマダムたちを虜にしたリストは、「ピアノの魔術師」と呼ばれた、当時のいわばアイドル・スター。完璧なテクニックとオーケストラにも対抗できるようなダイナミックさ、そしてアクロバットショーのような華やかな名人芸を持つその演奏ぶりは、「ただ聴くだけではなく、見なければならない」と言われたほど。もっともリスト自身は、「技術は機械的な練習からではなく、精神から生まれるべきである」と言い、技巧は豊かな表現をするための手段であって、目的ではないと考えていた。

一つ年下のタールベルクと、ピアニストの意地をかけて一騎打ちの腕比べをしたのは26歳のとき。「タールベルクは世界一、リストは唯一のピアニスト」。主催者はそう表現して事なきを得たという。

またリストは作曲家としてもさまざまな

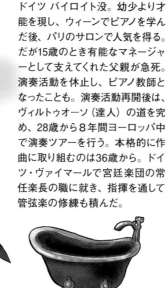

ショパン、ワーグナーとの関係

ショパンとリストは1歳違い。互いに才能を認め合う仲だったのが、やがて疎遠に。互いの交際相手同士（ジョルジュ・サンドとマリー・ダグー伯爵夫人）の不仲が原因だったとも言われる。
リストとマリーの間に生まれた次女コジマは、ワーグナーと結婚。ワーグナーは2歳違いの義理の息子となった。

次女コジマ

ぜひ聴いてほしい！

- 交響詩『前奏曲』
- 『ハンガリー幻想曲』
- ピアノ協奏曲第1番
- 『愛の夢—３つのノクターン』▲
- 『超絶技巧練習曲』
- 『パガニーニによる大練習曲』
- 『巡礼の年第３年〈エステ荘の噴水〉』
- 『ハンガリー狂詩曲』

リストが作った新しい「常識」

リストは現在の演奏会スタイルを確立した音楽家でもある。当時の演奏会は、さまざまなジャンルの作品が、複数の演奏者によって披露されるものだった。だが、リストは最初から最後まで一人で演奏し西洋音楽史上初の「リサイタル」形式に挑戦した。また他の作曲家や他の時代の曲まで取り上げ、暗譜で演奏するのもリストがはじめたこと。ピアノの蓋を開けて弾くのも、すべてリスト以来「常識」となった。

晩年は、僧籍の傍ら作曲活動を続けた。

ジャンルの曲を作っている。年代とともに中心に据えるジャンルが変わるのも特徴で、30代はピアノ曲、40代は管弦楽曲、50代以降は宗教的声楽曲のジャンルにも取り組んだ。中でも「交響詩」は、リストが創始したジャンル。ベルリオーズの「標題音楽」を独自に推し進めたこのジャンルは、「標題」の持つ詩的な雰囲気にぴったり合うのであれば、交響曲という伝統的な形式にとらわれる必要はないという考えに貫かれていた。

良き教育者でもあったリスト

リストのピアノの師は、生涯でチェルニーただ一人。対して、リストのピアノの弟子は四〇〇人あまり。しかもレッスンは無償で行われた。リストは教育者としても、大きな度量を持っていたのだ。

ロマン派

ワーグナー

オペラ界に新風を巻き起こす 誇り高きカリスマ

■リヒャルト・ワーグナー
（1813 ～ 1883年）

ドイツ ライプツィヒ生まれ、イタリア ヴェネツィア没。大学時代に初めてオペラを作曲。中退後、歌劇場の指揮をしながら作曲を続けるも、まったく売れず。また生来の浪費癖で巨額の借金を抱え、夜逃げしてパリへ。ドイツ帰国後は『さまよえるオランダ人』などでようやく成功を得るも、今度はドイツ三月革命への参加で国家反逆罪となり、スイスへ逃走。やがてバイエルン国王というパトロンを得たことで、長年の借金はチャラになった…と、破天荒な人生を送った。だがスケールの大きい音楽は多くの作曲家に影響を与え、思想家、文筆家としても著名。

男性ファンの多いワーグナー。熱心なファンを「ワグネリアン」とよぶ。ヒトラーもその一人だった。

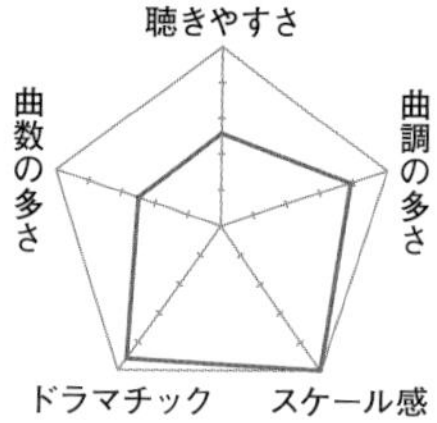

初期の習作（練習作曲）を除いて、生涯オペラ音楽だけを作曲したワーグナー。少年時代はシェークスピアやギリシャ悲劇に夢中で、劇作家になるのが夢だった。音楽の道へ進むきっかけは15歳の時、ベートーヴェン『交響曲第9番』を聞き、「雷に打たれたように感激した」から。とはいえ音楽に関しては、作曲技法について半年ほど学んだ以外はほぼ独学。結果としてそれが強烈な個性を育み、イタリアオペラの模倣を続けてきたドイツオペラ界に「楽劇」という新しいスタイルを打ち出した。

ワーグナーが目指した「楽劇」は、音楽と言葉に加え、舞台美術や演技など、すべてを統合した総合芸術としてのオペラ。かのベートーヴェンは『交響曲第9番』で言葉（歌）を持ち込み、伝統的な交響曲の様式に理念を与えた。そしてワーグナーは、その音楽世界に舞台を加えることで、総合芸術

完成まで 26 年の超大作

ワーグナーが26年かけて完成させた楽劇『ニーベルングの指環』は、上演に4夜（16時間）かかる超大作。ドイツ バイロイトにある祝祭劇場（左）は、この作品を上演するためにバイエルン国王に頼んで作ってもらったもの。今でも毎年の夏、音楽祭が行われるが、上演作品はベートーヴェン『交響曲第9番』とワーグナーの楽劇限定。床はギシギシと鳴り、椅子も固くて座り心地の悪い劇場なのだが、世界中の音楽ファンが訪れる。

かつてリストはワーグナーの亡命の手助けもしていた。

恋愛も破天荒

ワーグナーが恋した女性は数知れず。人妻だったコジマ（リストの娘）とは長年の不倫の末、ようやく結ばれた。結婚した年（1870年）の彼女の誕生日には、屋敷の階段で楽団員に新曲『ジークフリートの牧歌』を演奏させた。なんともロマッチックなプレゼント（私も高校時代に毎日聴いていた大好きな曲です／監修・宮本）。

ゲルマン神話の英雄、ジークフリート。結婚前年にコジマとの間に生まれた長男にも、その名がつけられた。

ぜひ聴いてほしい！

- 『ジークフリートの牧歌』▶
- 『タンホイザー』
- 『トリスタンとイゾルデ』
- 『ニーベルングの指環』
- 『ニュールンベルクのマイスタージンガー』
- 『パルジファル』

になると信じたのだ。題材に選ばれたのは、ゲルマン民族の神話。台本もすべてワーグナー自身が書いている。生涯作った「楽劇」は全部で10（習作は除く）。どれも大作で、楽譜は電話帳のように分厚く、音符数も膨大。だが序曲を聴くだけでも、そのスケール感は十分楽しめる。

「無限旋律」とライトモティーフ

「楽劇」の特徴は、和音の終止型（曲の終わりになる音）を避け、それにより旋律が中断されず終始鳴り続ける「無限旋律」という技法を用いたこと。そして登場人物や重要な事柄など、それぞれに短い固有のメロディ、つまりライトモティーフ（示導動機）を与えたこと。台詞《せりふ》に表れない深層心理までが表現され、作品全体に交響曲のような統一性が与えられた。

ロマン派

ブラームス

古典的なスタイルを守ったドイツ音楽の総括者

■ヨハネス・ブラームス
（1833 ～ 1897年）

ドイツ ハンブルク生まれ、ウィーン没。コントラバス奏者の父の手ほどきで音楽を学び才能を現すが、少年時代は貧しい家計を助けるため、放課後に劇場で歌手の伴奏や教会のオルガニスト、夜には酒場でピアノを弾くという生活を送った。20歳でシューマンに認められ、世に出ることに。29歳でウィーンに転居。『ドイツ・レクイエム』で大成功を収めた。その後ウィーン楽友協会の音楽監督になり、名実ともにドイツ・オーストリアを代表する音楽家に。オペラ以外のほとんどのジャンルの曲を作曲した。

趣味はベートーヴェン、シューベルトなど過去の巨匠たちの自筆譜を集めること。

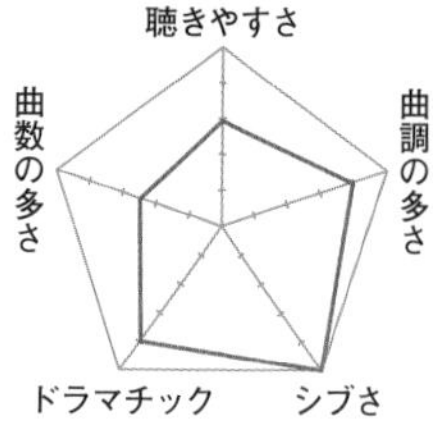
聴きやすさ
曲調の多さ
シブさ
ドラマチック
曲数の多さ

後期ロマン派音楽の主流は、リストの「交響詩」やワーグナーの「楽劇」など、言葉と音楽が結びついた作品である。だが、その流れと一線を画したのがブラームスだった。彼の作品には、『悲愴』とか『新世界より』といった標題の付くものは一曲もない。

ベートーヴェンを敬愛し、その胸像を仕事部屋に置いていたというブラームス。最初の交響曲が完成するまで20年以上もかかったのは、ベートーヴェン『交響曲第9番』が立ちはだかっていたため。『第9』は形式面でも独創性でも多くの作曲家に衝撃を与え、みなおいそれと交響曲に手が出せないでいたのだ。事実、ドイツ・オーストリア圏では、シューマンが交響曲を書いた一八五〇年以来、代表的な交響曲が1曲も書かれていない。もっとも、ブラームスは『交響曲第1番』の完成後、8年間で3曲の交

ブラームスが『レクイエム』を書いていた頃、日本では坂本龍馬が暗殺されている。

シューマン、クララとの関係

ブラームスが20歳の時、シューマン（43歳）、その妻クララ（34歳）と出会い、交流が始まった。だが、やがてシューマンは心を病み、自殺未遂の後、精神病院で他界する。クララとブラームスの仲を疑うようになったのも、その一因と言われている。恩師の最期を、ブラームスがどう受け止めたかわからない。だが、彼とクララの友情は生涯続いた。晩年、２人は互いに送った手紙を交換し、それぞれ自分の手紙を破棄している（ブラームスはライン河に投げ、クララは焼却）。ブラームスの死は、クララ他界から10ヶ月後のことだった。

クララ・シューマン

新発明とブラームス

エジソンが蓄音機を発明。ブラームス（56歳）は自作『ハンガリー舞曲第1番』とヨハン・シュトラウス『とんぼ』をピアノ演奏し、録音することに。だが自分の演奏が後世まで残ることに不安を感じたのか、彼は合図が出る前に「フェリンガー夫人が演奏します」などと嘘を叫んで弾き始めてしまう。慌てた立会人が「演奏はブラームス博士です」と言った声も、曲と一緒に録音されている。

ピアノの時代

まだラジオもレコードもない時代。だが家庭にもピアノが普及し、ブラームスの楽譜はよく売れた。彼がピアノ曲以外の自作品を、たびたび２台のピアノや連弾用に編曲しているのもこのためだ。

ぜひ聴いてほしい！

- 『ハンガリー舞曲』第４番▶第５番ほか（全21曲）
- 交響曲第１番 第２番、第３番、第４番
- ピアノ協奏曲第１番、第２番
- ヴァイオリン協奏曲
- ヴァイオリンとチェロのための二重協奏曲
- ヴァイオリンソナタ
- 『ドイツ・レクイエム』
- 『大学祝典序曲』
- 『５つのリート』（第４曲が子守唄）

響曲を続けて発表。古典的な様式を守りながら、凝縮された感情を歌い込む、密度の高い作品を生み出した。

中でも『交響曲第4番』は、ルネサンスやバロック時代の手法に加え、バッハのカンタータの旋律を使うなど、ベートーヴェン以前の古い手法が用いられている。「えっ、今どき、こんな古い曲を書くの？」と聴衆に思われたこともあっただろう。だが見方によっては、それがブラームス流の「新しい交響曲」の提示だったといえるかもしれない。

ブラームスが目指した「息の長い音楽」

正統なドイツ音楽と同様に、民謡やジプシー音楽なども愛したブラームスのお気に入りの言葉は「息の長い音楽」。短い歌曲もピアノ小品も時間をかけて作曲した、その完成度の高さも魅力なのだ。

ロマン派

ヴェルディ

イタリア・オペラ界の巨匠

■ジョゼッペ・ヴェルディ
(1813～1901年)

イタリア ロンコレ生まれ、ミラノ没。北イタリアの小さな村で酒場兼宿屋を営む家に生まれ、教会のオルガニストに音楽の手ほどきを受ける。19歳で奨学金を得てミラノ音楽院の受験をするが不合格となり、個人レッスンで作曲を学んだ。苦労の末3作目の『ナブッコ』で大成功。次々と作品をヒットさせた。また作曲の傍ら農業主として農場経営を行ったり、一時国会議員を務めたことも。

農場経営も行った作曲家

生まれ故郷近くのサンタガタに広大な土地を買い、本格的な農場経営を行ったヴェルディ。新しい機械や手法を導入し、作物の相場にも目を光らせるなど、経営手腕もなかなかのものだったという。オペラの印税と農場からの収入は慈善事業へ。最晩年はミラノの街中に、恵まれない音楽家のための老人ホームを、私財を投じて建てている。

オペラ『椿姫』の原題直訳は『道を踏み外した女』。

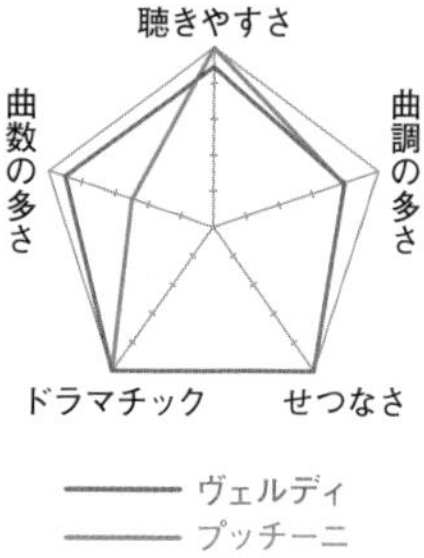
聴きやすさ
曲調の多さ
せつなさ
ドラマチック
曲数の多さ
ヴェルディ
プッチーニ

生涯作曲した27のオペラのうち、今もその多くが世界中で上演され続けているヴェルディのオペラ。中でも3作目(初演一八四二年)の『ナブッコ』で歌われる合唱曲『行け、わが想いよ、金色の翼に乗って』は、第二のイタリア国歌とも言われるほど。

当時オーストリアに占領され、国として分裂状態だったイタリアの民衆は、この歌に独立と国家統一への想いを重ねたのだ。このオペラの大成功で、ヴェルディは一躍国民的英雄に。以後次々とヒット作を生み出していった。

ヴェルディのオペラは、ほとんどが悲劇。だが最後のオペラ『ファルスタッフ』は喜劇で、音楽面でも新たな境地を見せた。享年87。一八七〇年頃、ほぼ統一を成功させていたイタリアでは、国葬が執り行われたという。

ロマン派

プッチーニ
巨匠を継いだ伊達男

■ジャコモ・プッチーニ
（1858 ～ 1924年）

イタリア トスカーナ地方ルッカ生まれ、ベルギー ブリュッセル没。5歳で父親を亡くし、代々受け継がれてきた教会のオルガニストになるべく音楽教育を受けるが、18歳でオペラ作曲家を目指しミラノ音楽院に入学。3作目『マノン・レスコー』で大成功を収め、イタリアを代表するオペラ作曲家に。服装はダンディに決め、賭けポーカーや鴨撃ちなどに興じたという。喉頭癌の治療のため、訪れたブリュッセルで客死。

ぜひ聴いてほしい！

■ヴェルディ
●『ナブッコ』／『リゴレット』／『トロヴァトーレ』／『トラヴィアータ（椿姫）』／『運命の力』／『アイーダ』▲

■プッチーニ
●『マノン・レスコー』／『ラ・ボエーム』／『トスカ』／『蝶々夫人』／『トゥーランドット』

トリノ五輪で荒川静香選手が『誰も寝てはならぬ』を使用。見事に金メダルを獲得した。

ヴェルディの後を継ぎ、イタリア・オペラ界に君臨したのがプッチーニ。代々教会オルガニストを務める家に生まれ、家業を継ぐ立場にあったプッチーニがオペラ作曲家を目指したのは、ヴェルディのオペラ『アイーダ』を観て感激したから。以後10作のオペラを世に送り出した。

　プッチーニのオペラの特徴は、登場人物の多くが英雄ではなく、市井《しせい》の人々の哀歓を描いていること。また心をつかむ甘美なメロディと巧みなオーケストレーションも魅力で、オペラ初心者も楽しめる。フィギュアスケートの荒川静香選手が使用した『誰も寝てはならぬ』は、プッチーニ最後のオペラ『トゥーランドット』の中のアリア。

　作曲中は病気で何度も創作が中断。結局第3幕の途中まで書き終えて世を去った。だが彼の遺した草稿を元に、他の作曲家が補筆して完成。約1年半後に初演された。

ロマン派

ロシア初のプロ音楽家
バレエ音楽の改革者ともなった
チャイコフスキー

■ ピョートル・イリイチ・チャイコフスキー
（1840 ～ 1893年）

ロシア カムスコ=ヴォトキンスク生まれ、サンクトペテルブルク没。サンクトペテルブルク音楽院を卒業後、モスクワ音楽院の講師となり、作曲活動を行う。この時期、作曲家集団「ロシア五人組」のミリイ・バラキレフと出会い、五人組と交流を結ぶ。私生活では問題もあり、結婚生活は80日で破綻。精神的に追いつめられ、母国を離れてイタリアやスイスで作曲活動を行ったことも。指揮者としても有名になるが、『交響曲第６番〈悲愴〉』初演の９日後に急逝した。

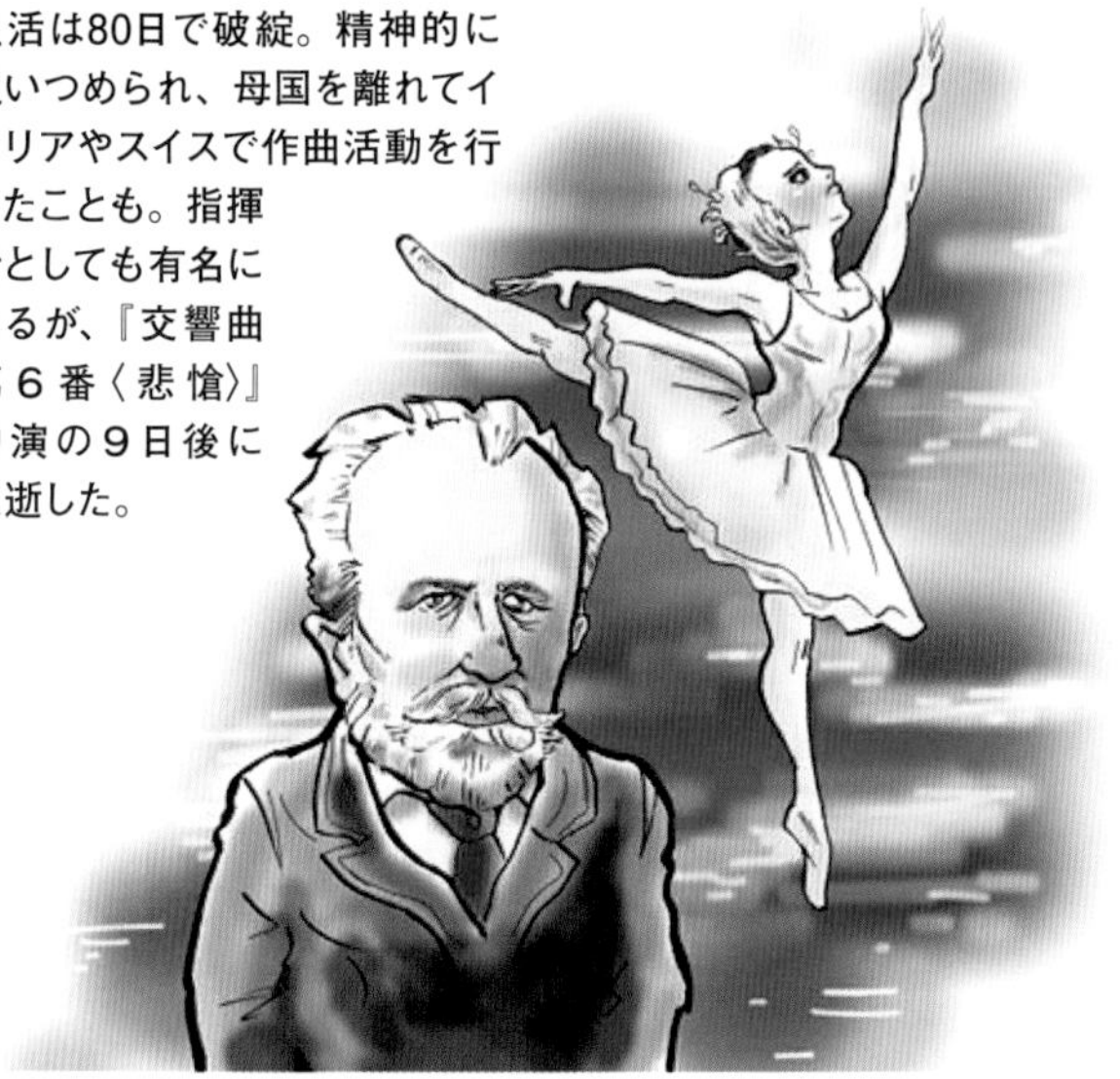

聴きやすさ
曲調の多さ
せつなさ
ドラマチック
曲数の多さ

一度聴いたら忘れられない。そんなメロディを数多く作曲した無類のメロディメーカー、チャイコフスキーは、ロシアで最初の職業音楽家。

大国ながら、音楽面で辺境の地だったロシアでは、当時あらゆる芸術の中で、音楽はもっとも食えないジャンルだった。音楽学校も一八六二年に首都サンクトペテルブルクでようやく開校。その第一期生が、当時法務省に勤めていたチャイコフスキーだった。仕事の傍ら音楽院に通って3年あまり。西欧音楽の伝統を厳しく叩き込まれ、ついに安定した役人生活から、自国では前例のないプロの音楽家として歩み始めた。

チャイコフスキーが目指したのは、民族色を盛り込みながらも国際的に通用する音楽。当時ロシアでは、民族独自の音楽が求められていたのだ。卒業後は、新設されたばかりのモスクワ音楽院で講師をしなが

『白鳥の湖』も初演は不評だった。チャイコフスキーが、しばらくバレエ音楽から距離を置いたほど。傑作ほど最初は認められない？

ぜひ聴いてほしい！

- バレエ『白鳥の湖』▶
『眠りの森の美女』
『くるみ割り人形』
- オペラ『エフゲニーオネーギン』
- 交響曲第４番、第５番、第６番『悲愴』
- ピアノ協奏曲第1番　●祝典序曲『1812年』
- ヴァイオリン協奏曲
- 弦楽合奏のセレナード
- 弦楽四重奏曲第１番
- ピアノ三重奏曲『偉大な芸術家の思い出』

三大バレエ

マリウス・プティパ

『白鳥の湖』『眠りの森の美女』『くるみ割り人形』の3作品は、チャイコフスキーの三大バレエとよばれている。もっとも脚本家・振付師のマリウス・プティパの功績も大きく、彼もまたバレエ界の偉人となっている。

死にまつわる噂

深い哀しみが立ちのぼってくる『交響曲第６番〈悲愴〉』の最終楽章。その曲調と初演後に急死したことで、チャイコフスキーには自殺説もある。理由は、当時タブーとされていた同性愛がバレたため。ただし真偽は不明。定説となっている死因はコレラ、またはチフスである。

ペンフレンドは大富豪

チャイコフスキーに資金援助を申し出たのが、鉄道技師の夫に先立たれ、巨万の富を相続していたメック夫人。彼女が求めた交換条件はただ1つで、けっして会わないこと。２人はこの約束を守り、13年間も一〇〇〇通を越える手紙のみで交流した。

ら、作曲家としてもキャリアを築き、活躍の場を西欧に広げていった。

伴奏から音楽へ バレエ音楽の改革者

オペラや交響曲も作曲しているチャイコフスキーだが、現代ではバレエ音楽の作曲家として特に有名。

フランスの宮廷バレエから発展、17～18世紀頃に劇場で演じられるようになっていたバレエ。演目も当時はフランスのものが主流で、音楽は踊りの伴奏とされる以外何も求められていなかった。だがチャイコフスキーは交響曲と同じように、主要な登場人物それぞれに短い主題を与え、各人の心理や行動などの変化により、その主題を繰り返し使った。音楽を聴くだけでも十分楽しめる。

ロマン派

ドビュッシー

世紀末パリの新しい響き 印象派のプレイボーイ

■ クロード・ドビュッシー
（1862 ～ 1918年）

フランス　パリ近郊サンジェルマン・アン・レー生まれ、パリ没。ショパンの弟子とされる女性からピアノの手ほどきを受け、10歳でパリ音楽院に入学。ピアニストを目指すが、学内コンクールで1位を獲り損ね、作曲の道に。無名時代は、チャイコフスキーのパトロンだったメック夫人の子どもたちにピアノを教えたことも。32歳で『牧神の午後への前奏曲』が、40歳でオペラ『ペレアスとメリザンド』が成功し、不動の名声を得た。フリーメイソンのメンバーだったという話も。

パリの若い芸術家たちが集ったキャバレー「黒猫」の常連。自身もシャム猫を飼っていた。

聴きやすさ
曲調の多さ
せつなさ
ドラマチック
曲数の多さ

作曲家として常に独自性を追求したドビュッシー。その片鱗が垣間見えるのは、作曲を学んで間もないパリ音楽院時代のこと。西欧の音楽理論を学ぶうち、既成の概念に納得できなくなったドビュッシーは、禁じられている和音を使って課題の作品を書いた。しかも、それを指摘した教師に向かって、「(自分が)快いことが規則です」と答えたという。

そんなドビュッシーに影響を与えたひとつが、一八八九年のパリ万国博覧会で出会ったジャワ島の民俗芸能ガムラン。長調・短調におさまりきれない、その東洋の響きの自由さに、西欧の音楽理論や、当時心酔していたワーグナーの呪縛から解き放たれるヒントを見出すのだ。

時代は世紀末パリ。多くの芸術家が集うこの街で、ドビュッシーはジャンルを超えてさまざまな芸術家たちと交流を結んだ。

自宅に浮世絵を飾っていたというドビュッシー。管弦楽のための３つの交響詩『海』初版の楽譜の表紙にも、彼自身の希望で葛飾北斎の『神奈川沖浪裏』が使われている。

ぜひ聴いてほしい!

- 『前奏曲集』(第１曲『亜麻色の髪の乙女』)▶
- オペラ『ペレアスとメリザンド』
- 管弦楽曲『牧神の午後への前奏曲』『海』
- 弦楽四重奏曲
- ピアノ曲『２つのアラベスク』『夢想』『版画』『喜びの島』『映像』『子供の領分』『ベルガマスク組曲』(第３曲『月の光』)

恋愛遍歴

ドビュッシーが無名時代の20代後半から同棲していた女性がギャビー。彼女は浮気されたのが原因で、拳銃自殺を図ってしまう（未遂）。

のちにロザリー・テクシエと結婚。だが恋多きドビュッシーは教え子の母親と恋に落ち、２人でイギリスの離れ小島に逃避行。今度は妻ロザリーが拳銃自殺を図ってしまう（未遂）。

ドビュッシーは非難の目にさらされ、多くの友を失ったという。

東南アジアのガムラン

ガムランで使われている楽器。銅鑼、鍵盤打楽器の合奏による民族音楽で、ドビュッシーに影響を与えた。

フランスを代表する象徴派の詩人、ステファヌ・マラルメが主催する会合にも参加。出世作『牧神の午後への前奏曲』は、マラルメの詩に感銘を受けて作られた。

「印象派」と呼ばれるのはなぜ？

そもそも「印象派」とは、画家モネの『印象・日の出』という画題に端を発している。一筆一筆の色の斑点で、ゆらめき動く印象を作り出す手法が使われているが、ドビュッシーの音楽も、形式や短調・長調の境目がはっきりせず、「鳴り響く音の斑点」のような曖昧模糊《あいまいもこ》とした味わいがある。そのため、ドビュッシーも「印象派」と呼ばれるようになったのだ。

もっとも、ドビュッシーは絵画よりも詩から多くを学んだ。その音楽は、多くの音楽家に影響を与えている。

チェコの国民的作曲家 ドヴォルザーク

■アントニン・ドヴォルザーク
（1841 ～ 1901年）

チェコ プラハ近郊ネラホゼヴェス生まれ、プラハ没。自然豊かなボヘミアの田舎で生まれ育ったドヴォルザークは、作曲家として成功してからも、ボヘミアの地で作曲を行った。晩年ニューヨークのナショナル音楽院の院長に招かれたときも、望郷の念を募らせ『交響曲第９番〈新世界より〉』などが生まれた。２年後チェコに戻ってプラハ音楽院の教授となり、後進の指導にも尽力。名声のうちに他界。

聴きやすさ
曲調の多さ
せつなさ
ドラマチック
曲数の多さ
ドヴォルザーク
シベリウス

大の鉄道オタク

蒸気機関車の時代。ドヴォルザークは、大の鉄道好きだったという。一台ごとの製造番号や特徴だけでなく、機関士の名前まで覚えていたとか。娘の婚約者に機関車の番号をメモしてくるように頼んだら、後ろの車両の番号と間違えたため、怒りまくったという話も。

1860年製造開始のGKB671

ボヘミアの田舎で宿屋兼肉屋を営む家に生まれ、幼い頃から口伝えの民謡に親しんで育ったドヴォルザーク。プラハのオルガン学校を卒業後は、ヴィオラ奏者として生計を立てながら、作曲を続けた。

最初にその才能を高く評価したのはブラームス。彼の紹介により、チェコの民族色濃い『スラブ舞曲集』をウィーンの楽譜出版社から発表し、一躍国際的な作曲家に。当時のチェコは民族運動の高まりで、独自の音楽が切望されていた。もっとも、ドヴォルザークはただ民謡を取り入れるのではなく、西欧の伝統的な音楽形式の中で、チェコの民族音楽にさまざまな要素を融合させて曲を書いた。

晩年はニューヨークに招かれて作曲を指導。数々の傑作はこの時代に生まれた。黒人霊歌やネイティブアメリカンの音楽に触れ、その要素が反映された曲も書いている。

ロマン派

フィンランドの国民的作曲家

シベリウス

■ジャン・シベリウス
（1865 〜 1957年）

フィンランド ハメーンリンナ生まれ、ヤルヴェンパー没。実は「ジャン」の名は、駆け出し時代に名刺を借りた叔父の名で、本名ではない。ヘルシンキ音楽院を経てベルリン、ウィーンで音楽を学ぶ。当初はフィンランドの伝説などを題材とした作品を発表していたが、7つある交響曲は、いずれも純粋な音芸術としての作品となっている。作曲家として成功後、ヘルシンキ郊外に家を建て、91歳で他界するまで過ごした。

ぜひ聴いてほしい！

■ドヴォルザーク

●交響曲第８番、第９番『新世界より』 ●スラヴ舞曲集 ●チェロ協奏曲 ●弦楽四重奏曲12番『アメリカ』 ●ピアノ曲『８つのユモレスク』（7番が有名） ●歌曲『わが母の教え給いし歌』

■シベリウス

●『トゥオネラの白鳥』 ●交響詩『フィンランディア』『タピオラ』 ●交響曲第２番、第４番、第５番、第７番 ●ピアノ曲『5つの小品』

湖畔に建てた自宅

シベリウスの自宅はヘルシンキから約30キロ離れた郊外にあり、今は博物館になっている。彼は毎日近くのトゥースラ湖を散歩し、楽想を練ったというが、なぜか60歳から作品を一つも発表しなかった。8番目の交響曲の草稿譜も自ら焼いてしまったという。

シベリウスの曲は、森と湖に囲まれたフィンランドの澄んだ空気を感じさせる。この国で生まれ、国民的作曲家となったシベリウスが、自らのアイデンティティを強く意識したのはウィーン留学中のこと。当時フィンランドは、六〇〇年以上にわたってスウェーデンやロシアに支配され、独立の気運が高まっていた。

帰国後、シベリウスは自国を代表する文化として、一〇〇〇年以上前から伝承されてきた英雄叙事詩『カレワラ』を題材に交響曲を作曲。大成功を収めた。その後も伝説などを題材に代表作を発表し、独立への想いを高める民衆を鼓舞する。後年は、民族色というよりも、フィンランドの自然や空気を音楽で喚起させるような、独自の境地を切り拓いた『ヴァイオリン協奏曲』第1、2楽章は傑作で、私も高校生時代、毎日必ず聴く曲のひとつにしていた／監修・宮本）。

ロマン派

マーラー

指揮棒で道を切り拓き、ウィーン世紀末を生きた異邦人

■ グスタフ・マーラー
（1860 ～ 1911年）

チェコ カリシュト生まれ、ウィーン没。幼少期にヴァイオリン奏者などから手ほどきを受け、15歳でウィーン音楽院に入学。卒業後は指揮者として活躍した。ユダヤの家系に生まれ、ウィーンの宮廷歌劇場の音楽監督に就任するにあたりキリスト教へ改宗。ユダヤ人批判の影響で、さらに拠点をニューヨークへ移して、メトロポリタン歌劇場の指揮者に。晩年は『交響曲第８番<千人の交響曲>』を自らの指揮で発表。大成功を収めた。

日本では、明治維新が行なわれたあとである。

聴きやすさ
曲調の多さ
せつなさ
ドラマチック
曲数の多さ

生きるために指揮をし、作曲するために生きる――

そう語ったマーラーの作品がブレイクするのは、死後半世紀経ってから。生前は、オペラ指揮者として有名だった。

マーラーが目指したのは、もちろん作曲家。だが学生時代、作曲家の登竜門であるベートーヴェン賞に自作を応募するものの落選し、指揮の道を歩むことに。以来、数年ごとにヨーロッパ各地の歌劇場を転々とし、徐々に指揮者として名声を確立していった。

ウィーン宮廷歌劇場の音楽監督に迎えられたのは、37歳のとき。オペラ指揮者として最高のポストに約10年就いたことで、ウィーン世紀末の名だたる芸術家たちとともに、広く世に知られる存在となった。

多忙な生活を送るマーラーにとって、集中して作曲できたのは、夏の休暇だけ。自

マーラーの交響曲の魅力

マーラーの交響曲には、カウベルやハンマーで扉を叩く音など、それまで使われたことのなかった道具も登場。表現手段が拡大した。また軍楽隊のファンファーレが引用されたり、悲劇的な曲調の直後に牧歌的なメロディが現れたりと、聴く者を戸惑わせるのも特徴。

カウベル

『予想通りから想定外へ』に持っていくのは、作曲家にとって大事な要素。戸惑わせるのが得意な作曲家は、他にシューマンやブルックナーなどが挙げられるだろう。

ぜひ聴いてほしい！
- 交響曲第1番から第9番（第8番▶）
- 『亡き子を偲ぶ歌』

異邦人の孤独

ユダヤ人として生まれ、当時オーストリアに支配されていたボヘミアで育ち、各地を転々とした後、ドイツ語圏で暮らしたマーラー。常に自分を異邦人だと感じていたらしい。「私はどこへ行っても歓迎されない。なぜならオーストリア人の間ではボヘミア人、ドイツ人の間ではオーストリア人、世界の中ではユダヤ人だから」。そう言ったという。

18歳も年下の妻、アルマ。才能豊かで魅力的な女性で、マーラーは嫉妬に悩まされたという。

夏の一日

朝は6時に起床。湖畔沿いの別荘から裏手の森にある作曲小屋に向かい、朝食を食べ、それから森に出て腰を下ろし構想を練る。マーラーの夏の一日は、そんなふうに始まった。小屋の中には、ピアノが一台とカントの全集、それにバッハの楽譜だけ。作曲は集中して正午まで続けられたという。

称「夏の音楽家」は、毎年自然豊かな避暑地で小屋を借り、作曲に励んだ。

歌曲が融合した交響曲

マーラーの作品は、習作を除けば「歌曲」と「交響曲」に限定されている。しかも全9曲の交響曲のうち、声楽を含むのは4曲。オーケストラだけの作品も、歌曲のような豊かな旋律に満ちている。編成が大規模なのも特徴で、『交響曲第8番』では、合唱も合わせて総勢一〇三〇人で演奏されたことも。表現方法の拡大と歌曲との融合。伝統的な交響曲という様式は、少しずつ崩壊を見せ始める。

作曲家としては長年評価されなかったマーラー。「やがて僕の時代が来るだろう」と言っていたが、50歳で他界する半年ほど前に『交響曲第8番』でようやく成功する。

ロマン派

Rシュトラウス

交響詩とオペラで傑作を残した騎士道作曲家

■ リヒャルト・シュトラウス
（1864 ～ 1949年）

ドイツ ミュンヘン生まれ、ガルミッシュ=パルテンキルヘン没。本格的に音楽の道を歩み始めたのは、指揮者のハンス・フォン・ビューローに作曲と指揮の才能を見出され、彼が首席指揮者を務めるオーケストラの補助指揮者に就任してから。以来活躍は目覚ましく、富も名声も手に入れる一方、2度の世界大戦を経験。ナチス政権下では政治に巻き込まれるなど、苦労人の一面も。彼の曲『英雄の生涯』のモデルは、自分自身だという。

同じシュトラウスでもウィンナ・ワルツで有名なのは、ヨハン・シュトラウス2世（1825～1899年）。まったくの別人なので注意。

聴きやすさ
曲調の多さ
せつなさ
ドラマチック
曲数の多さ

85歳の長命を生き、作曲家として、また指揮者としても名声を得たリヒャルト・シュトラウス。

「**ドイツ音楽最後の大家**」と呼ばれることになる彼が作曲を始めたのは、なんと6歳のとき。その神童ぶりはモーツァルトに匹敵するともいわれた。16歳で初めての交響曲を作曲。オーケストラの第一ホルン奏者で、古典的な音楽を愛した父親の影響から、当初は伝統的な様式に則《のっと》った作品を書いていたが、後にリストやワーグナーの作風に興味を抱き、**交響詩**を手がけるように。もっとも、その作品はリストのものに比べて内容がユニークで、楽器の編成も巨大。また「新しい思想を表現するためには、新しい形式を探し求める必要がある」と語るなど、オーケストラ音楽に新しい道を拓き、交響詩のパイオニアとなった。

とはいえ、シュトラウスが交響詩を作曲

1896年作曲の『ツァラトゥストラはかく語りき』は約70年後、SF映画『2001年宇宙の旅』の中で印象的に使われ、レコードも世界中で売れた。

ユニークな交響詩

序奏と10の変奏曲から成る『ドン・キホーテ』は協奏曲的作品。独奏チェロがドン・キホーテを、独奏ヴィオラが従者サンチョ・パンサを表し、筋書きにふさわしい音楽の形式を巧妙に活用している。『ティル・オイレンシュピーゲルの愉快ないたずら』は、ドイツの伝説の奇人ティル（右）の冒険談が題材。ロンド形式（1つの主題が、異なる楽想をはさみながら繰り返される）を用いて、ティルのエピソードを描写している。

ぜひ聴いてほしい！

- 交響詩『ドン・ファン』『ドン・キホーテ』『ティル・オイレンシュピーゲルの愉快ないたずら』『ツァラトゥストラはかく語りき』▲『英雄の生涯』
- オペラ『サロメ』『エレクトラ』『ばらの騎士』

演奏不可能な楽譜？

複雑な楽譜を書くのがシュトラウス。音の数が多くて細かく、テンポが速い。それが“シュトラウスらしい世界観”を醸し出すのだが、ただ実は、全部の音符が大切なのではないらしい。あるヴィオラ奏者が「この楽譜どおりに弾くのは不可能です」と彼に文句を言いに行ったところ、「これ本当に俺が書いたの？ まあ、適当にやっておいてよ。こっちも何か書かなきゃいけなかったんだから」と答えたという。

したのは、20代半ばから30代半ばまでのおよそ10年間のこと。その後はオペラを中心に作曲した。当初は音楽が前衛的で、テーマも斬新だったため、検閲の憂き目に遭って上演が禁じられたことも。だが、後に18世紀やバロック時代の音楽に回帰するような作風に変わっていった。

指揮活動を通して体得した技法

シュトラウスは指揮者としても成功。ウィーン国立歌劇場芸術最高監督を60歳で辞任するまで、絶え間なく指揮活動を行った。実践を通して作曲技法や管弦楽の技法を体得したことが、作曲家シュトラウスに大きな影響を与えたのだ。

ちなみに4歳年上で、やはり指揮者として活動していたマーラーとは、ライバルであり、盟友のような関係だったという。

近現代

現代音楽への扉を開いた作曲家 シェーンベルク

■アルノルト・シェーンベルク
（1874 ～ 1951年）

ウィーン生まれ、ロサンジェルス没。世紀末から新世紀へ。ウィーンは、芸術や学問すべてに新しい流れがわき起こっていた時代。その中で、シェーンベルクは今までの音楽とは違う新しい方法論を模索し、長調や短調という調性を破壊した無調の音楽へ向かっていった。
さらに、この無調音楽を作曲するための組織的な理論として、1オクターブの中の12の音をすべて対等に扱うという「十二音技法」を確立。20世紀の音楽界に大きな影響を与えた。後に弟子のベルクらと「新ウィーン楽派」とよばれるように。ナチス政権下で渡米後、教育活動も精力的に行った。

理屈はよく分からなくても聴いてみてほしい。無調音楽は感情に訴える部分も多く、不思議な聴き心地を味わうことができるはず。またシェーンベルクの曲は、言葉は少ないが詰まっているものは重い、究極の形ともいえよう。

近現代

自分の音楽を貫いた異端児 サティ

■エリック・サティ
（1866 ～ 1925年）

フランス オンフルール生まれ、アルクイユ没。同じフランス出身のドビュッシーやラヴェルに影響を与え、音楽面でも改革者だったサティは、常に異端児として生きた。パリ音楽院では雰囲気になじめず中退。
グレゴリオ聖歌などに興味を抱く一方、酒場のピアノ弾きで生計を立てた。BGMという言葉がまだない時代、自分が酒場で弾く曲を「家具の音楽」と呼んだり、突如スコラ・カントルム（パリの音楽学校）に入学し、対位法（複数旋律を組み合わせ調和を作る技法）を学んだり。現在は、現代音楽の祖として高い評価を得ている。

『干からびた胎児』『犬のためのぶよぶよとした前奏曲』。この一風変わったタイトルはサティ自身がつけたもの。しかもすべて歌詞のないピアノ曲で、聴いて意味を考えても答えは出ない。

近現代

前衛音楽の革命児 ストラヴィンスキー

■イーゴル・ストラヴィンスキー
（1882 ～ 1971年）

ロシア オラニエンバウム（現ロモノソフ）生まれ、ニューヨーク没。大学時代、「ロシア五人組」のひとり、作曲家ニコライ・リムスキー=コルサコフに出会い、レッスンを受ける。1910年、バレエ『火の鳥』がパリ・オペラ座で初演。大成功となる。
さて20世紀の音楽史上最大のスキャンダルとされているのが、バレエ音楽『春の祭典』初演。曲が進行するにつれ、ヤジや怒号が飛び交い、客同士の殴り合いにまで発展。理由の一つが、予測不能な拍子の変化だった。絶え間なく拍子が変化する、あまりに奇抜な曲調に聴衆がついていけなかったのだ。

だが名声を決定的にしたのも『春の祭典』。翌年の再演では大成功を収めたのだ。ロシア革命後は渡米。のちに古典に回帰するような曲（新古典主義音楽）や宗教曲も書いている。

ストラヴィンスキーは作風を次々に変え続け、「カメレオン」などともよばれた。結果的にさまざまな分野で名作を残している。

すでに〝やりきった感〟も漂っていた20世紀前半の音楽界。だが彼らの功績は大きく、音楽の歴史はまた続く——。

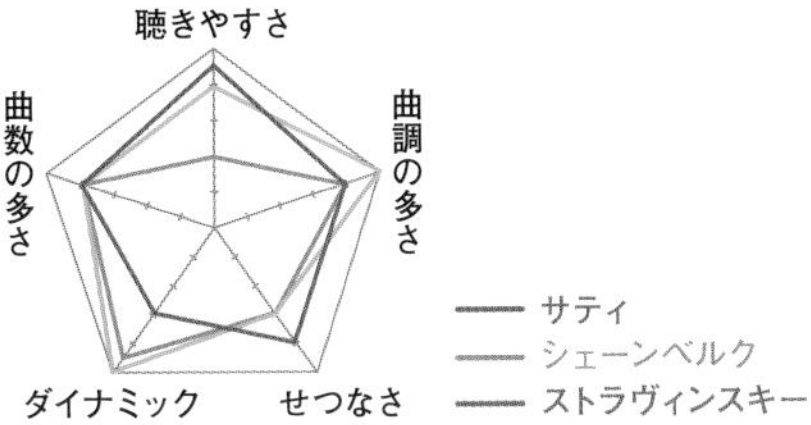
聴きやすさ
曲調の多さ
せつなさ
ダイナミック
曲数の多さ
サティ
シェーンベルク
ストラヴィンスキー

ぜひ聴いてほしい！

■サティ
- ピアノ曲
『3つのグノシェンヌ』▶
『3つのジムノペディ』
- 歌曲『ジュ・トゥ・ヴ』
- バレエ『パラード』

■シェーンベルク
- 『浄められた夜』▶
- 『月に憑かれたピエロ』

■ストラヴィンスキー
- オペラ『エディプス王』
- バレエ『火の鳥』
『ペトルーシュカ』
『春の祭典』▶

その他の作曲家たち

ロマン派

■ジョキアーノ・ロッシーニ
（1792～1868年）

イタリア ペーザロ生まれ、パリ近郊パッシー没。ボローニャ音楽学校時代にはじめてのオペラを作曲し、20歳で発表したオペラが大ヒット。広く知られるようになったロッシーニ。数々の作品がウィーンでも人気となり、パリに拠点を移してからは『ウィリアム・テル』を発表。だが、それが最後のオペラ作品となった。37歳で筆を折った理由は不明。ボローニャやフィレンツェでの隠居生活では、美食三昧の暮らしだったという。作曲家として活動した20年間で、作曲したオペラは39作。陽気な作風が魅力。

代表作：『セビリアの理髪師』

■ヨハン・シュトラウス２世
（1825～1899年）

ウィーン近郊ザンクトウルリッヒ生まれ、ウィーン没。毎年ウィーンで開かれるニューイヤーコンサートで、必ず演奏される『美しく青きドナウ』。その作曲者が「ワルツ王」のシュトラウス２世。同名の父も『ラデツキー行進曲』やウィンナワルツを多数作曲している。19歳でのデビュー後は、自分の楽団を結成し、ヴァイオリンを弾きながら指揮もしていたが、父の死後は、その楽団を引き継いで人気音楽家に。

代表作：ワルツ
『美しく青きドナウ』
『皇帝ワルツ』
オペレッタ『こうもり』

■アントン・ブルックナー
（1824 ～1896年）

オーストリア アンスフェルデン生まれ、ウィーン没。幼少期から教会音楽に親しみ、後にオルガン奏者を務めながら作曲活動を行う。遅咲きで、30代後半になっても音楽理論や楽器法の教えを受けていたほど。ワーグナーの影響から、その交響曲は楽器編成が大規模で長大。「難解」「無駄が多い」などの理由で演奏拒否されることも多かった。ウィーンの聴衆に認められるのは、『交響曲第４番』が成功した57歳から。完成後に改訂を繰り返すのも特徴。

代表作：『交響曲第４番〈ロマンティック〉』、第７番、第８番

近現代

■モーリス・ラヴェル
（1875～1937年）

フランス シブール生まれ、パリ没。ドビュッシーと並んで印象派を代表する作曲家。パリ音楽院入学後、フォーレに師事。だが作曲家の登竜門、ローマ大賞で落選を繰り返し、最後は年齢制限で応募すら不可能に。ロマン・ロランが抗議し、音楽院長が更迭という「ラヴェル事件」が起こる。一方でピアノ曲の名作を次々生み出し、バレエ音楽でも成功。作品は独創的な発想を持ちながらも、構成は古典的な均整が保たれている。『ボレロ』に代表される色彩感豊かな曲も多い。

代表作：バレエ『ダフニスとクロエ』『ボレロ』／管弦楽『亡き王女のためのパヴァーヌ』／ピアノ曲『マ・メール・ロワ』『水の戯れ』『ソナチネ』『夜のガスパール』

■セルゲイ・ラフマニノフ
（1873～1943年）

ロシア セミョノヴォ生まれ、カリフォルニア没。モスクワ音楽院卒業後、早くから作曲家、指揮者、ピアニストとしてロシア内外で活躍。ショパンやリストの影響を色濃く残すドラマティックな曲を作り続けた。ロシア革命後はパリへ亡命。翌年アメリカに渡り、コンサートピアニストとして活躍。だが作曲活動は激減。25年間で6曲しか作らなかった。

代表作：『ピアノ協奏曲第２番』『同第３番』『パガニーニの主題による狂詩曲』／歌曲『ヴォカリーズ』▼

■ドミトリー・ショスタコーヴィチ
（1906～1975年）

サンクトペテルブルク生まれ、モスクワ没。ロシア革命勃発後、渡米した作曲家が多い中、生涯ロシア（当時はソビエト）から動かなかったのがショスタコーヴィチ。ソビエト時代を代表するこの作曲家はピアノの腕もたしかで、ショパンコンクールに出場した経歴も持つ。作曲面では、ペトログラード音楽院での卒業制作『交響曲第1番』が早くも国内外で高い評価を得、さまざまなジャンルの曲を発表していった。一時は自作のオペラが独裁者スターリンの逆鱗に触れたことも。体制に迎合する曲を書いて生き延びた。15の交響曲は今も人気が高い。

代表作：『交響曲第５番』『同第７番〈レニングラード〉』『弦楽四重奏曲第８番』／オペラ『ムツェンスク郡のマクベス夫人』

よく聞くクラシック音楽20

運動会、結婚式、
観ているドラマや映画の中に…
実はあなたの周りには、
クラシック音楽があふれている。
誰もが聞いたことのある曲、
タイトルが知られている曲の
代表を紹介しよう。

『地獄の黙示録』は、フランシス・コッポラ監督作品で1979年公開。撮影に1年以上、編集に2年ほどもかかっている。

ペガサスに乗って現れる女戦士ワルキューレ部隊。『ニーベルングの指環』には、雷神トールも登場する。アメコミ『マイティ・ソー』のモデルである。

ワーグナー　楽劇『ワルキューレ』より
『ワルキューレの騎行』

ベトナム戦争を描いた映画『地獄の黙示録』の中で、「Shall we dance?」の言葉とともに始まるヘリコプターの奇襲攻撃シーンで流されたのがこの曲。ワーグナー作曲の4部作『ニーベルングの指環』の第2作『ワルキューレ』に登場する。

そもそもワルキューレとは、北欧神話に登場する、戦場で生きる者と死ぬ者を定める女性たちのことで、〝戦死者を選ぶ者〟という意味がある。この楽劇では、9人の娘たちがワルキューレとして登場。槍と楯を持って天馬にまたがり、戦場を駆け巡って、戦死した兵士たちを馬の鞍に乗せ、岩山へ連れ帰るという、第3幕の前奏曲として演奏される。

『ニーベルングの指環』は、世界を支配できる魔力を持った指環をめぐる物語。指環の争奪をめぐり、神々が滅びていくまでを全4話をかけて描いている。

ヴェルディ『レクイエム』より
『怒りの日』

映画『バトル・ロワイヤル』や劇場版『新世紀エヴァンゲリオン』予告編などで使われた、この圧倒的な恐怖感が迫ってくる曲は、イタリアの文豪マンゾーニの一周忌、追悼の目的で作曲された『レクイエム』の中の1曲。斬新なイメージがあるが、日本は明治7年だった。モーツァルト、フォーレのレクイエムとともに、三大レクイエムの一つとされている。

「怒りの日」とは、キリスト教の終末思想のひとつで、この世の終末にすべての人間を地上に復活させ、生前の行いに対して審判が下される日を指す。新約聖書の『ヨハネ黙示録』などにくわしい。

ヴェルディは、全部で7曲から成るレクイエムの中で、第2曲に登場するこの曲の恐怖のイメージを軸に、全体を構成したという。100人以上を要する合唱も恐怖感を募らせ、映画でも効果的に使われていた。

キューピッドの矢の魔法から生まれた媚薬を、人が眠っている間に塗って困らせてしまう、悪戯好きの妖精パック。

メンデルスゾーン『夏の夜の夢』より
『結婚行進曲』

勇壮なトランペットの音に導かれて華やかに始まるこの曲は、結婚式の今や定番。もとはシェークスピアの戯曲『夏の夜の夢』の劇付随音楽として作曲された。中でもこの曲は、2組の男女が結婚式を挙げる第5幕の前奏曲として演奏される。

舞台はギリシャ。アテネ公の婚礼間近の夏至の日に、森で一夜を過ごすことになった10人の貴族や職人たち。だが眠っている最中、妖精により、まぶたに媚薬を塗られてしまう。目を覚まして最初に見たものに恋をしてしまうという薬の効果のせいで、一悶着起きるという物語。最後は2組の男女とアテネ公、合わせて3組の男女が結婚式を挙げ、ハッピーエンドで幕を閉じる。

一八五三年にプロイセンのフリードリヒ3世と英国王女との結婚式で使われ、人気が広まったという。

ワーグナー 楽劇『ローエングリン』より
『婚礼の合唱』

厳かなオルガンのメロディに合わせ、新婦とその父がヴァージンロードを粛々と歩く。そんな場面が浮かぶこの曲は、ワーグナーの3作目のオペラ『ローエングリン』の第3幕、華々しい前奏曲の後に登場。本来は合唱曲で、「強い勇気で清らかな愛を勝ち取り、幸せな夫婦となる」などの歌詞が付く。

物語の舞台は10世紀前半のベルギー アントワープ。弟殺しの無実の罪を着せられた、とある国の公女エルザの前に〝白鳥の騎士ローエングリン〟が現れ、自分の素性を尋ねないことを条件に彼女を救い、結婚する。だが、疑念を拭うことができないエルザは約束を破ってしまい、ローエングリンは立ち去る……。

右ページの『結婚行進曲』と違い、こちらの物語は悲しい結末で終わる。

モーツァルト
『アイネ・クライネ・ナハトムジーク』

実は全部で5楽章あったが、1曲が散逸。現在は4楽章構成で演奏される。中でも生き生きと軽快な第1楽章、清らかで愛らしい第2楽章は、多くの人が「聴いたことがある！」と思うはず。

そもそも『アイネ・クライネ・ナハトムジーク』とは、「小さな夜の音楽」という意味。モーツァルトの手紙を見ると、夜間に演奏されるセレナードやディヴェルティメント全般を指して、「ナハトムジーク」という言葉を使っていることがわかる。つまり、この曲の正式名称は他にあるということだ。作曲の目的もわかっていない。

この曲を書いた頃、モーツァルトは傑作オペラ『ドン・ジョバンニ』も作曲中だったという。

ショパン

『バラード第1番』

切ない独り言のように、憂いを帯びた曲調で始まるショパンの『バラード第1番』は、フィギュアスケートの羽生結弦選手が、平昌オリンピックで完璧な演技を見せたSP（ショートプログラム）で使われた曲（二〇一八年）。

そもそもバラードとは、英雄伝説や神話などを題材にした「物語詩」のことで、ショパンは母国ポーランドの国民的詩人アダム・ミツキェヴィチが書いた、愛国的な内容のバラードにインスピレーションを得て、4曲のバラードを作曲した。もっともショパンが目指したのは、詩の内容を単に描写するのではなく、詩全体から立ちのぼる気高い精神を、ピアノという楽器だけで表現すること。本来は演奏に10分ほどかかり、憂いと激情が交互に登場する構成で、SPバージョンは、いわばそのエッセンスを掬い取ったもの。羽生選手も曲に込められた気高さを見事に表現した。

詩人であり政治活動家でもあったミツキェヴィチの遺体は、歴代国王らとともにクラクフのヴァヴェル大聖堂の地下に埋葬された。それほどポーランドでは英雄的扱い。

オペラ『蝶々夫人』には、『君が代』『さくら』のメロディも引用されている。

プッチーニのオペラ
『蝶々夫人』

二〇一五年、浅田真央選手が復帰後最初のＦＳ（フリースケーティング）で使用した曲。

物語は明治初期、没落士族の娘で芸者に身を落とした主人公が、長崎に寄港中のアメリカ海軍士官ピンカートンに見初《みそ》められ、嫁ぐところから始まる。演技冒頭に流れる甘美なメロディは、出会ってまもないピンカートンと蝶々夫人が、心の距離を縮めていく『夕闇が訪れてきた』からの一節。そして3年後、ピンカートンは任務を終えてアメリカに。以来蝶々夫人は丘の上から日々海を眺め、ひたすら夫の帰りを待つ。

いつかある日、海の向こうに船が現れる――。夫との再会を信じ、切々と蝶々夫人が歌うのが、演技のメイン曲でもある『ある晴れた日に』。可憐で芯の強い蝶々夫人は、浅田選手にぴったり。最後は蝶々夫人の自決で終わる悲しい物語を見事に演じきった。

ビゼーのオペラ
『カルメン』

フィギュアスケート界で一時代を築いたロシアのプルシェンコ選手が、ソルトレイクシティオリンピックのFSで演技した曲で、『前奏曲』『闘牛士の歌』『ハバネラ』『ジプシーの踊り』などがメドレーで使われた。『カルメン』はフランスオペラを代表する作品。全編を通し、誰もが一度は聞いたことがあるメロディが、綺羅星のごとく登場する。

物語の舞台はスペイン。情熱的で自由奔放なカルメンと、彼女に恋した真面目な衛兵ドン・ホセの一途な愛がテーマで、最後は花形闘牛士と恋に落ちたカルメンを、ホセが嫉妬のあまり殺してしまうという悲劇的な結末で終わる。

ヒロインが刺殺されるラストなのに、海外では「ブラボー!」という歓声も起き、演技に対するものとはいえ、やや奇妙に思えることも。

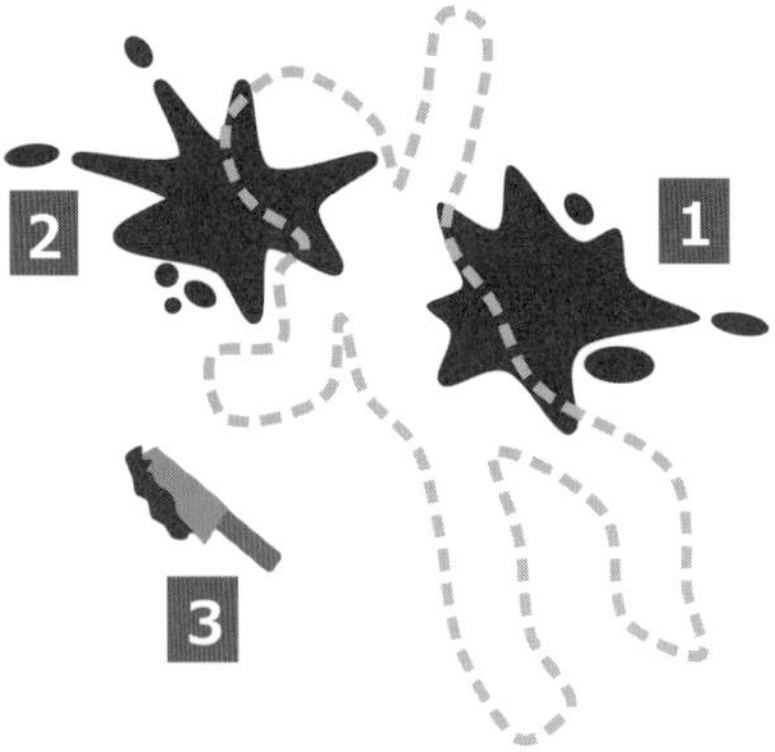

ショパン
『前奏曲第7番』

長年「太田胃酸」のCMで親しまれてきたこの曲も、実は立派なクラシック。ショパンの『前奏曲集』は全部で24曲から成り、それぞれ異なる調で書かれている。特に第15番の「雨だれ」が有名で、いずれもわずか数分という短い曲ばかり。小節数も9小節から、長いものでも90小節しかない。この第7番も全部で1分にも満たないが、第6番の深い憂いを湛えたゆっくりした曲、第8番の重々しく力強い曲の狭間にあって、ホッと一息つける存在になっている。しかもショパンの生まれ故郷、ポーランドの民族舞踊マズルカのエッセンスも盛り込まれている。短いからと侮《あなど》ることなかれ。クラシックは奥深いのだ。

チャイコフスキー『くるみ割り人形』より

『花のワルツ』

幻想的なハープの音色に導かれ、優美なワルツのメロディが登場する『花のワルツ』は、チャイコフスキー最後のバレエ音楽『くるみ割り人形』の中の1曲。舞台はクリスマスの夜。主人公の少女クララが、プレゼントにもらったくるみ割り人形と魔法の世界で過ごす物語で、『花のワルツ』はその第2幕に登場。お菓子の国の魔法の城で、お菓子の精たちが、くるみ割り人形から変身した王子とクララを歓迎する宴の中で踊られる。こんぺい糖の精の侍女たちによる群舞は、まさに華やかそのもの。

晩年のチャイコフスキーは、作曲家として国内外で高い名声を得て、日々の暮らしは超多忙。しかもこのバレエの台本と振り付けの担当者から、音楽の調性や小節数、さらにリズムやテンポまで事前に細かく指定されていたという。だが、そんなさまざまな制約を微塵も感じさせない、愛らしく優美な音楽が生み出された。まさに円熟期を迎えた、チャイコフスキーならではの作品。

くるみ割り人形はドイツの伝統工芸品で、口にクルミを噛ませ、殻を割る道具。海外ではクリスマス用の飾りとしてもメジャーだ。

バッハ『トッカータとフーガ ニ短調』

劇的で、強烈なインパクトを持つこの曲の出だしは、一瞬にして聴く者の心を掴むという点でクラシックの中でも白眉。

そもそもトッカータとは、鍵盤楽器のための即興的で技巧的な楽曲のこと。この曲も速くて細かい音型が次々と現れる。一方フーガでは、通常同じメロディが次々と追いかけてくるように登場する。もっとも、この曲のフーガは他のバッハのフーガに比べ、さほど凝った作りにはなっていない。

この当時のバッハは、駆け出しの作曲家。即興中心のスタイルから、本格的な作曲に取り組むようになり、教会オルガニストとしてどん欲に技術を磨いていた。実はバッハは、生前作曲家よりオルガン奏者としての方が有名で、ペダルの足さばきも、他のオルガン奏者が両手を駆使しても真似できないほどだったという。若きバッハの情熱ほとばしる名曲の一つ。

「タラリ～♪」という3つの音で出だしから一気にテンションを高める手法は20世紀、ホアキン・ロドリーゴ『アランフェス協奏曲』や、時代劇『必殺』シリーズのテーマ曲などでも使われた。

◀アランフェス協奏曲第2楽章

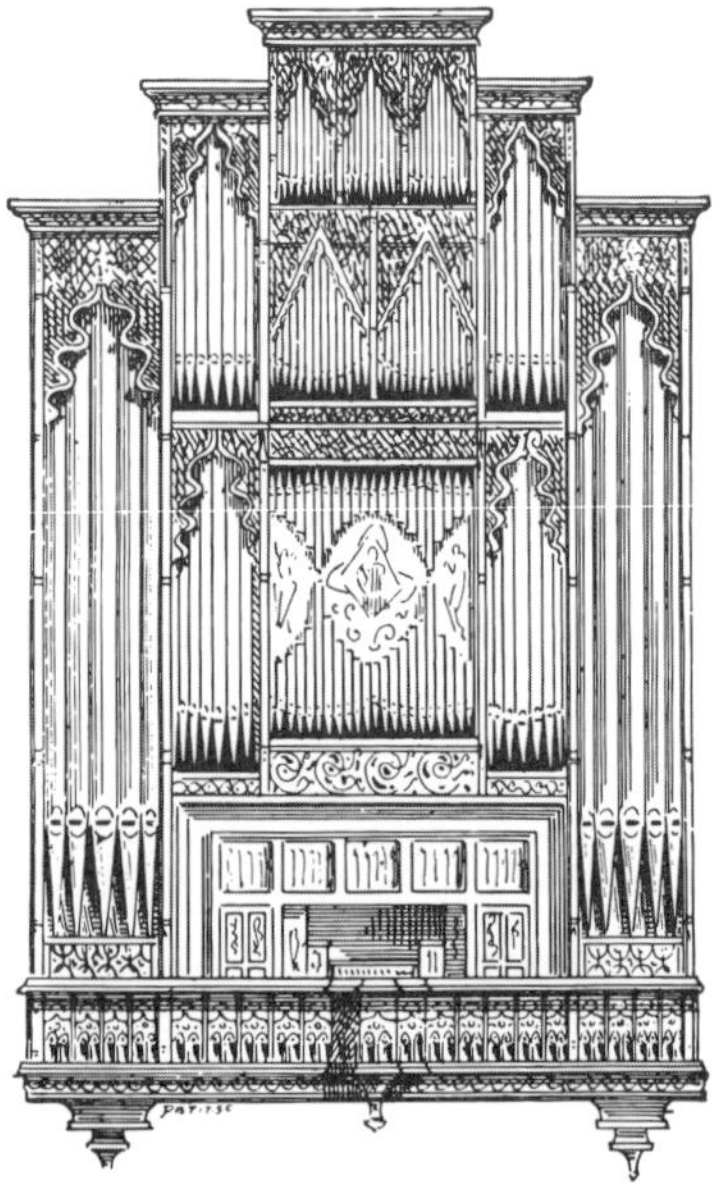

パイプオルガンの音を出す仕組みは、管楽器と同じ。当時は裏側に大きなフイゴが並んでいて、人力で空気を蓄えていた。

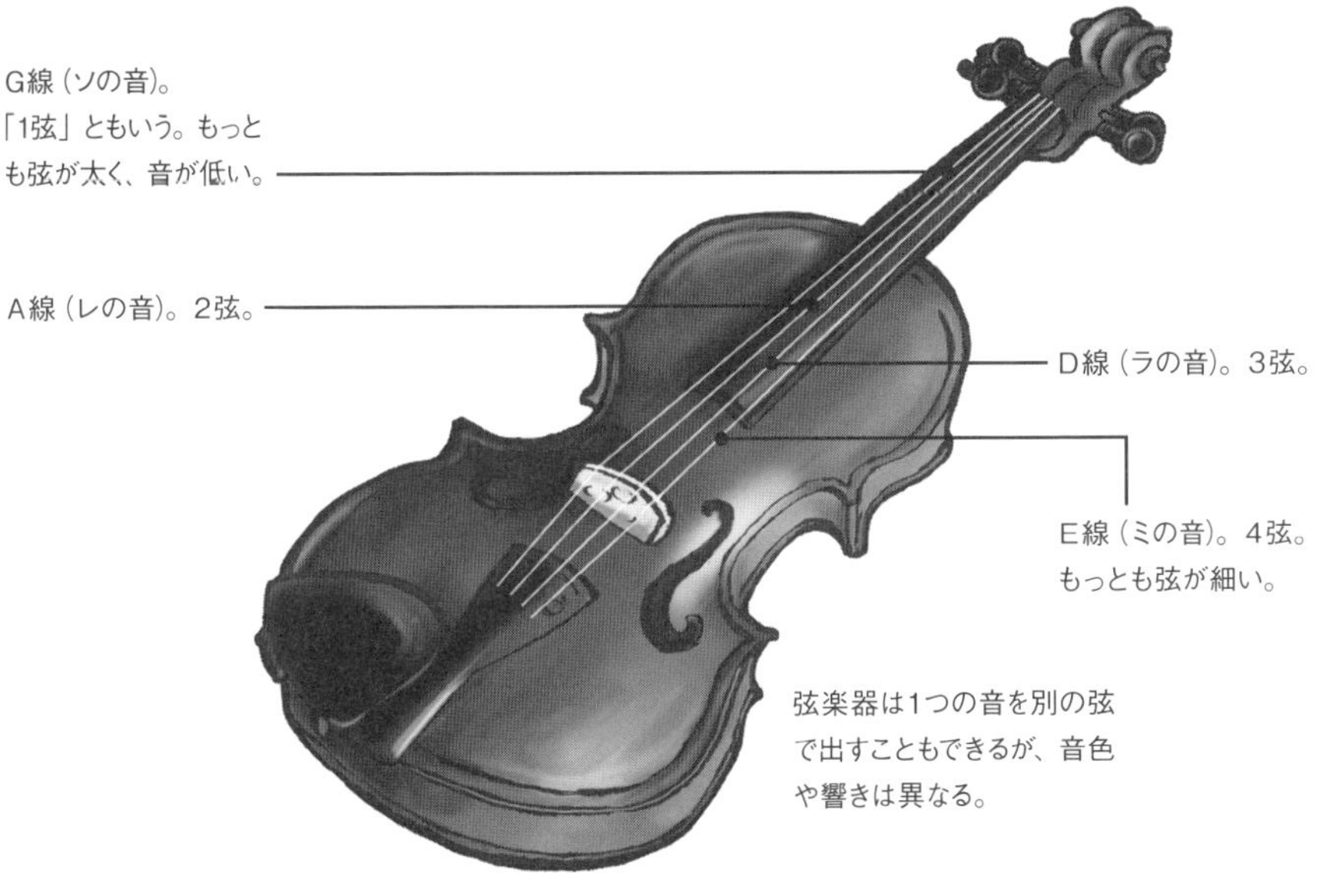
G線（ソの音）。
「1弦」ともいう。もっとも弦が太く、音が低い。
A線（レの音）。2弦。
D線（ラの音）。3弦。
E線（ミの音）。4弦。
もっとも弦が細い。
弦楽器は1つの音を別の弦で出すこともできるが、音色や響きは異なる。

バッハ
『G線上のアリア』

全部で5分ほどの短さながら、深く落ち着いた印象を残すこの曲は、ポップスやジャズなど、さまざまなアレンジで演奏されることが多い曲。もっとも、正式なタイトルは『管弦楽組曲第3番』の第2曲『アリア（英語名ではエア）』。もともとは、単独で演奏される曲ではなかった。

ではなぜ『G線上の～』などと呼ばれるのだろう。そもそもG線って何？　そう思う人もいるのではないだろうか。

Gとは音の名前のドイツ語読みで、ソの音を指す。ヴァイオリンでは4本の弦、つまりG（ソ）、D（レ）、A（ラ）、E（ミ）の、一番低い音域を出すのがGの弦で、19世紀のあるヴァイオリニストが、そのGの弦だけで演奏できるよう編曲したことから、いつしかバッハの原曲もそうよばれるようになったのだ。

ちなみに「**管弦楽組曲**」とは、序曲や舞曲などを組み合わせたフランス風の組曲のこと。17世紀後半にドイツで大流行したジャンルで、バッハも4曲の管弦楽組曲を作曲している。

ベートーヴェン
『交響曲第5番 運命』

ダ・ダ・ダ・ダーン。緊迫した4つの音で始まる『運命』は、おそらく日本でもっとも有名な曲のひとつ。この音は、訪れた運命がドアを叩くのを表現している、とよくいわれるが真偽は不明。

この曲の特徴は、全曲を通して「暗から明へ」、もしくは「闘争を経て勝利へ」のように、劇的に展開されることにある。実はハイドンやモーツァルト時代の交響曲は、各楽章のつながりや、4つの楽章すべてで一つのことを語るという発想はまだなく、楽章をばらして演奏することもあったほど。だがベートーヴェンは、冒頭の4つの音によるリズムを各楽章に盛り込んで、互いを関連づけ、全体を通じて「暗から明へ」のストーリーを創り上げることに成功した。

楽器編成も革新的。特にトロンボーンは、それまで教会音楽だけで使われていた楽器だったが、ベートーヴェンは、交響曲史上はじめてこの作品の第4楽章で登場させた。

各楽章どの部分に、ダ・ダ・ダ・ダーンというリズムが潜んでいるか。注目して音楽を追うのも一興。

ドイツ、ボンのベートーヴェンの生家(現在は博物館)。この家の扉を「運命」が叩いたのか？　ただしベートーヴェンは引越しを繰り返していたので、正確には分からない。

日本で年末に演奏されるようになるのは、1940年頃から。日本交響楽団（現・NHK交響楽団）の楽団員たちが冬を越す収入を得るため、客の入る曲目であった『第9』で演奏会を開き、それが恒例となったという話もある。

ベートーヴェン
『交響曲第9番〈合唱付き〉』

日本では『第9《だいく》』という愛称で知られるこの曲は、ベートーヴェンのいわば野心作。『交響曲第8番』完成から12年。長いブランクを経て作曲された。この曲が斬新な点は、第4楽章で、それまでの交響曲ではほとんど用いられなかった独唱と合唱を取り入れたこと。歌詞にはドイツの詩人シラーの詩を抜粋して引用し、冒頭には自らの言葉を付け加えた。ベートーヴェンがこの詩に曲をつけることを考え始めたのは21歳頃のこと。着想から約30年を経て完成されたのだ。

「暗から明へ」。『交響曲第5番』で確立した劇的な展開は、この曲でさらに進化を遂げる。苦悩に満ちた第1楽章で始まった心の旅は、第4楽章でそれまでの楽章を回想という形を経て、すべてを否定。ついに『歓喜の歌』が歌われる。

冒頭部の日本語訳は「おぉ友よ、このような旋律ではない！ もっと心地のよいものを歌おうではないか、もっと歓喜に満ちあふれたものを！」

それまでに流れた曲を歌で否定するという、驚きの展開ではある。

ドヴォルザーク

『交響曲第9番 新世界』より

下校時やキャンプファイヤーなどで使われ、「遠き山に日は落ちて」の歌詞でも知られる『家路』。聞いていてどこかなつかしい気持ちにさせられる。この曲のメロディが登場するのは第2楽章。当時アメリカに渡っていた52歳のドヴォルザークは、新天地で黒人霊歌やネイティブ・アメリカンの音楽、アメリカ民謡などに刺激を受け、滞在後約3ヶ月でこの曲の作曲に着手したという。

超がつくほど有名な曲だけに、聞きどころはたくさん。シンコペーション（同じ曲の中で拍数を変化させ、効果を出すこと）や付点（音の延長）を多用したリズムなど、民族音楽に端を発する、魅力あふれるメロディが随所に現れる。また通常脇役が多いヴィオラやチェロ、低音域のフルートが主要なメロディを受け持つのも特徴。さらに第4楽章では、第1楽章からの各楽章の主要メロディが、形を変えて次々と断片的に登場し、最後はすべてが組み合わされて、壮大なクライマックスを迎える。

初演は一八九三年。カーネギーホールで空前の大成功を収めた。

ドヴォルザークがアメリカへ渡ったのは1892年。白人による先住民への征服戦争（インディアン戦争など）が一段落した直後だった。

新世界とはすなわち、この頃のアメリカのこと。ただ曲には、なんとなく中央アジアの雰囲気もあるような（監修・宮本）。

スペインは昔から舞踊がさかんな国で、民族舞踊の種類も数多い。大きく分けると「フラメンコ」「ボレロ」「ポタ」「クラシコ・エスパニョール」などがある。

小太鼓が刻むリズムパターンの繰り返しは169回にもなる。

ラヴェル『ボレロ』

密やかな小太鼓のリズムに乗って始まる『ボレロ』は、何から何まで型破りな曲。なにせ登場するメロディは、すべての音が白鍵から成るメロディAと、黒鍵を多用したメロディBの、2パターンしかないのだ。しかもそのメロディは、冒頭から変わることのない規則正しいリズムの中で、毎回楽器を替えながら、2回ずつ交互に現れ進んでいく。その数、全部で18回。時間にして15分ほどの間にメロディを奏でる楽器は徐々に増え、音量も力強さも増していく。そして最後は、すべての楽器がむき出しの「生」をぶつけ合い、なだれ込むように終わるのだ。

そのあまりに革新的な作品に、初演では戸惑う聴衆も少なくなかったという。ラヴェル自身も、多くのオーケストラが演奏を拒否するだろうと考えていたようだが、予想に反して各地で演奏される人気曲に。

そもそもボレロとは、中庸なテンポの3拍子によるスペイン舞踊の名前で、ラヴェルは舞踏家からの委嘱によりこの曲を作曲した。現代でもベジャールなどの振付家によってバレエ化されている。

ロッシーニのオペラ

『ウィリアム・テル』序曲

運動会によく使われるクラシック音楽は多い。まとめて紹介しよう。

まず、高らかなトランペットで幕を開けるこの軽快な曲は、スイスの伝説の英雄ウィリアム・テル（実在不明）を主人公とした、シラー原作のオペラの序曲に登場する。

舞台はオーストリア支配下にあった、14世紀のスイス。オーストリア軍人に背いた罪で捕らえられたウィリアム・テルは、息子の頭に乗せたリンゴを射落とすか、自らの死を選ぶかの選択を迫られ、見事リンゴを射落とす。彼の勇気ある行動は民衆を鼓舞し、スイスは自由を勝ち取るという内容。運動会で流れるのは第4部『スイス軍隊の行進』。

思わず走り出したくなるあの曲も、玉入れしたくなるあの曲も。運動会は勇ましいクラシック音楽の宝庫。

カバレフスキー

『道化師のギャロップ』

これまた運動会の定番。ロシアの作曲家カバレフスキーの代表作、組曲『道化師』の中の第2曲。

当初は児童劇『発明者と道化役者』のための付随音楽として16曲作られたが、後に全10曲から成る組曲として構成された。物語は、旅回りの道化師の一座と彼らの愉快ないたずらを題材にした内容で、この曲も、聞いているだけで心浮き立つような楽しさにあふれている。

なおギャロップとは、もともと馬術での全速力の指示を表す言葉で、19世紀前半のウィーンでは、それから転じて馬の疾走する様子を表すダンスとして流行したという。

オッフェンバックのオペレッタ
『天国と地獄』

オペレッタとは台詞と踊りのあるオーケストラ付きの歌劇のことで、基本的に喜劇。ハッピーエンドで終わることが多い。そんなオペレッタの原型を作ったとされるのが、フランスで活躍したドイツ出身のオッフェンバック。『天国と地獄』は彼の代表作で、原題は『地獄のオルフェ』。ギリシャ神話のオルフェウスの悲劇（冥界に行った妻を連れ戻そうとするが、振り返って妻を見てしまったため叶わなかった）をパロディにした内容で、当時のフランスの世相も盛り込まれている。

運動会でおなじみなのは、地獄のダンスシーンとフィナーレで登場する『カンカン』のメロディ。女性ダンサーがスカートを捲り上げ、挑発的に踊られる。

『地獄のギャロップ』ともよばれている、この曲は、カステラのCMでもおなじみ。こんな曲名とは知らない人も多いだろう。

ヘンデル
『見よ、勇者は帰る』

表彰式といえばこのメロディと言うくらい、普段の生活に溶け込んでいるこの曲も、実はクラシック。ヘンデル作曲のオラトリオ『マカベウスのユダ』の中の1曲で、一七四五年の初演後まもなく、まずイギリス国内で広く歌われるようになり、その後功労者を讃える場面で演奏されるように。日本には明治初期に伝わり、明治7年、海軍の運動会に使われたことがきっかけで、軍の表彰式で演奏されるようになったという。

『マカベウスのユダ』は、古代ユダヤの史実に基づいた英雄ユダの物語。本来は合唱曲で、凱旋《がいせん》するユダを、民衆が歓喜して迎える場面で歌われる。

クラシック音楽 Q&A

ハ長調とかイ短調って、そもそも何？

ピアノがあるなら、まず普通に「ドレミファソラシド」と弾いてみよう。これがハ長調の音階。次に「ラシドレミファソラ」と弾いてみよう。これがイ短調の音階。２つの音階を比べると、ハ長調はピュアな感じ、イ短調は哀愁を帯びた響きに感じないだろうか。

音楽には、さまざまな曲調がある。かなり大雑把な説明になるが、明るい曲調は〝長調〟の音階、暗い曲調は〝短調〟の音階から成っている。もちろん、明暗で片付けられない曲もあるので、一概には言い切れないのだが。

では、長調と短調の前に付く「ニ」や「ト」は何を指すか。これは曲の中心となる音のこと。音楽は一つの主となる音（主音）を中心に展開し、その音を表すときは〝**階名**〟の「ドレミ〜」ではなく、日本語の〝**音名**〟「ハニホヘトイロハ」が使われる（一般的によく使われるドイツの音名は「ＣＤＥＦＧＡＨ」）。

つまり「ハ」は「ド」にあたり、「イ」は「ラ」にあたる。同じ長調でも、「ファ」から始まる「ヘ」長調は、温かみが増すなど、響きが違ってくる。作曲家はどんな雰囲気の曲にしたいかで、主音を変えているのだ。

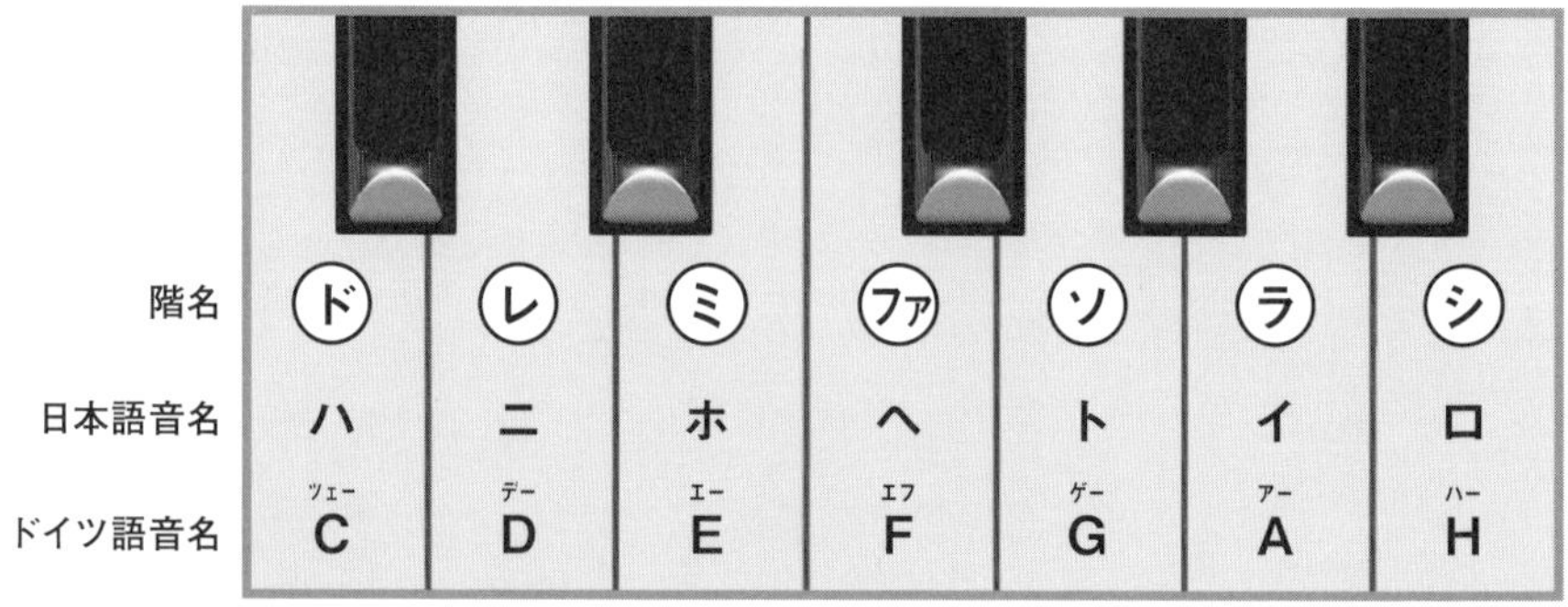
階名
日本語音名
ドイツ語音名
ド レ ミ ファ ソ ラ シ
ハ ニ ホ ヘ ト イ ロ
C《ツェー》 D《デー》 E《エー》 F《エフ》 G《ゲー》 A《アー》 H《ハー》

タイトルの番号は何を意味するの？

たとえば『交響曲第2番ニ長調 作品36』。クラシック曲の正式タイトルを見たとき、末尾に数字が付いていることにお気づきだろうか。これは**作品番号**（または作品目録整理番号）とよばれ、一人の作曲家の作品を年代順（または出版順）に示している。だからこの番号を見れば、若い頃の作品か、晩年の作品かある程度は判断がつく。

ちなみにこの作品番号、一般に欧文では、日本語の「作品」にあたる部分に「Op.」と書かれている。（例：ショパンのバラード1番Op.23）。これは「オプス（オーパス）」と読み、ラテン語で「作品」の意味。だが、シューベルトは「D.（ドイッチュ）」、モーツァルトは「K.（ケッヘル）」のように、作曲家固有にアルファベットが付くこともある。

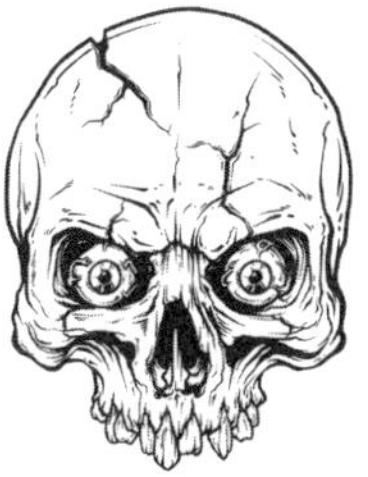

第九って呪われているの？

交響曲には、ちょっと有名なジンクスがある。それは「交響曲第9番を作曲すると死ぬ」というもの。ベートーヴェン以降、ブルックナー、ドヴォルザーク…。「交響曲第10番」を完成できないまま世を去った作曲家が続いたのだ。それを気にしたのがマーラー。9番目の交響曲を完成させたときも、あえて番号を付けず、単に『大地の歌』という標題だけにしたほど。だがこれで安心と思ったのか、次に作曲した交響曲には、交響曲第9番（実際は10番目）と番号を付け、交響曲第10番にも着手。結果として、やはり完成できずに他界してしまうのだ。だが、ショスタコーヴィチは果敢にも第15番まで作曲している。

「ソナタ形式」って何だ？

ピアノソナタやヴァイオリンソナタ。何気なく耳にするこの「ソナタ」は第一楽章がソナタ形式で作られた曲のこと。だがそもそもソナタ形式って何？

クラシック音楽はドラマである！　その劇的展開の基本フォーマットの一つが「ソナタ形式」と言える。

もし特撮ヒーローものにたとえ、簡単に説明するなら、「最初に主人公が登場。次にライバルが現れて互いに変身しあい、技を競い合って、最後は2人が和解する！」、それがソナタ形式のパターンだ。

ソナタ形式は基本、「提示部」「展開部」「再現部」の3つの部分に分かれる。

提示部：「第一主題」と「第二主題」と言われる2つのメロディが登場。この2つは多くの場合、対照的な性格を持っている。たとえば第一主題がおおらかなメロディなら、第二主題は快活なメロディというように。

展開部：この2つのメロディが、いろいろな形で主張を繰り広げる。リズムやハーモニーを断片的に変化させたり、転調させたりしながら。

再現部：2つのメロディが再び原形、またはそれに近い形で再現される。だがこのとき、第二主題、つまり2つ目に登場するメロディは、第一主題と同じ調で登場する。つまり対立していた2つのメロディが融和されるのだ。特撮ヒーローものにたとえるならば、強かった悪役が味方に加わってくれた！とでも言うべきか。聴衆がカタルシスを感じる瞬間でもある。

ちなみにベートーヴェン『月光のソナタ』は、ソナタ形式を第3楽章に持ってきた革新的なソナタである。

ヒーローたちのソナタ

これが
ソナタ形式だ!

ACT.1 「提示部」 第1主題のメロディが登場したあと、第2主題のメロディが登場！

ACT.2 「展開部」 互いに華麗なる技の見せ合い、競い合い……

ACT.3 「再現部」 第1主題に寄り添う、第2主題。和解。**<第2楽章につづく>**

ベートーヴェンのピアノソナタ『熱情』▲も、第1主題はやや荒々しく男性的な雰囲気。第2主題は、やや女性的な雰囲気のメロディになっている。

「ドイツ3B」って何？

日本では「ドイツ3大作曲家」ともよばれるが、バッハ、ベートーヴェン、ブラームスの3人のこと（頭文字がすべてB）。もともとはブラームスと親交のあった指揮者でピアニストのハンス・フォン・ビューローが名付けたことに始まる。

さて、バッハは「音楽の父」とも呼ばれている。そうした通り名、異名については、日本でだけそう呼ばれているものもあるが、代表的なものをまとめてみよう。

Bach　Beethoven　Brahms

バッハ「音楽の父」
ベートーヴェン「楽聖」
ブラームス

ヘンデル「音楽の母」
ハイドン「交響曲の父」「弦楽四重奏曲の父」
ヨハン・シュトラウス2世「ワルツ王」
シューベルト「歌曲王」

パレストリーナ「教会音楽の父」
モーツァルト「神童」
ショパン「ピアノの詩人」
リスト「ピアノの魔術師」

※その他、モンテヴェルディ「オペラの父」、ラヴェル「管弦楽の魔術師」、パガニーニ「悪魔」など

第2章

オーケストラ ABC

ＴＶ映画もいいけど、
劇場で観る映画もいい。
部屋で聴く音楽もいいけど、
演奏会で聴く音楽もいいのです。
オーケストラと楽器について、
オボーエ吹きで指揮者でもあった
私が解説していきましょう。

第２章監修／宮本文昭（音楽家）

オーケストラのはじまり

ときに圧倒的なスケール感で聴く者の心をわしづかみにし、かと思うと、羽のような軽さでエレガントに歌う。そんなダイナミックレンジの幅が広いオーケストラ。何種類もの楽器がそれぞれの個性を発揮し、心を一つにして創り上げる音楽は、豊かな色彩感とダイナミックな音量で、人々を非日常の異空間に連れていく。

そもそもオーケストラは、日本語では「管弦楽団」、つまり管楽器と弦楽器からなる楽団という意味がある。もっとも、実際にはティンパニなどの打楽器も含まれ、ときにはピアノやオルガンなどの鍵盤楽器も参加する。また「交響楽団」、「管弦楽団」、「フィルハーモニック」など、呼び方もさまざまあるが、実は特に区別があるわけではない。

ギリシャ、エピダウロスの円形劇場（紀元前4世紀）。音響効果に優れ、中央のオルケストラでコインを落とすと、一番上の客席にまで音が届く。

オーケストラの語源は、ギリシャ語の「オルケストラ」。時代は紀元前、古代ギリシャの円形劇場では、演劇を上演する際、合唱隊が歌い、踊る円形の土間をオルケストラと呼んでいた。

楽団の歴史は意外に新しい。もともと楽器は、歌や踊りの伴奏としかみなされず、楽器だけによる演奏は16世紀末頃にようやく登場した。さらに、古代ギリシャ劇の復活と考えられたオペラの登場で、楽団の地位は格段に向上。また演奏の際、楽師たちが舞台と観客の間、つまり古代ギリシャの劇場のオルケストラの位置に配置されたことから、楽団自体をオルケストラと呼ぶようになったという。

現在、規模の大きな、いわゆるフルオーケストラの人数は、九〇人から一一〇人程度。その圧倒的な音の渦を、ぜひ体感してもらいたい。

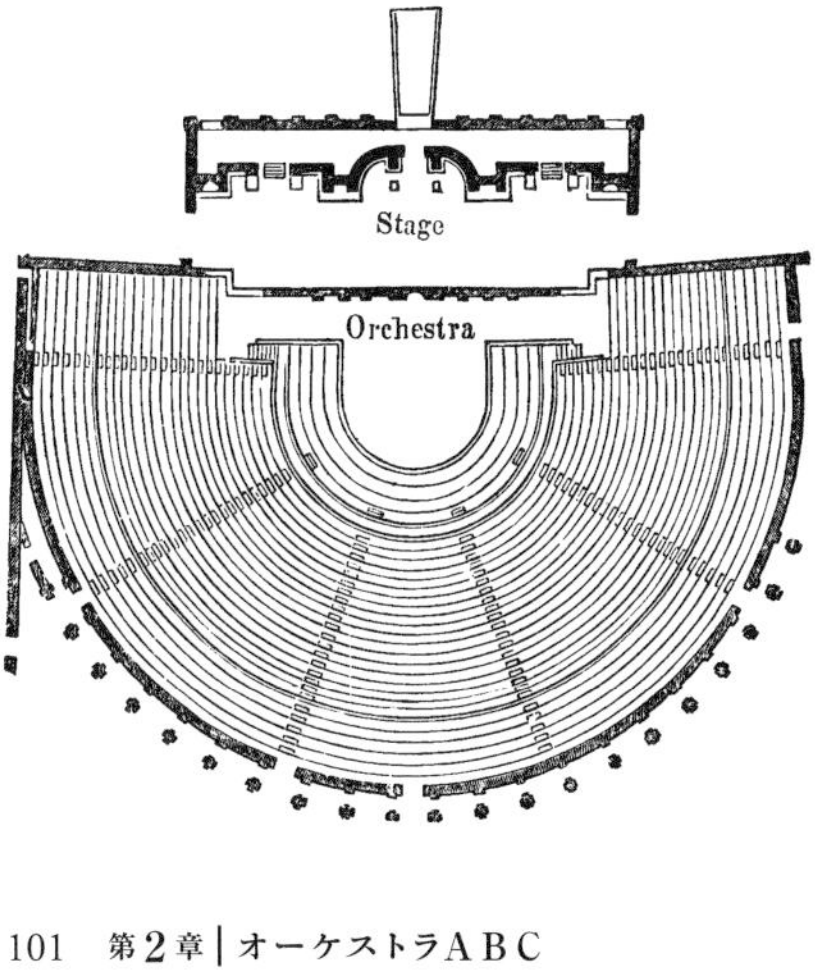

オーケストラの歴史

オーケストラの原型は、バロック時代にオペラの伴奏をした楽団である。音楽といえば、それまで歌（声楽）がメインだったが、18世紀には楽器だけの演奏（器楽）による楽曲も登場。ヴァイオリンとヴィオラ、それに外観がヴァイオリン属に似ているヴィオラ・ダ・ガンバと呼ばれる弦楽器や、通奏低音楽器、管楽器という近代オーケストラの前身のスタイルが確立される。

さらに「現代オーケストラ」の基本の形となったのは、18世紀半ばの**マンハイム宮廷楽団**。楽団員は約50名で、木管楽器のフルート、オーボエ、ファゴット、それに後に加わるクラリネット各2本といういわゆる**2管編成**（P106参照）で、これに弦楽器群とホルン、トランペット、後にトロンボーンとチューバを加えた金管楽器、さらにティンパニなどの打楽器が加えられた。

カール・テオドール

ヨーロッパ中の名だたる演奏家、作曲家をドイツ、マンハイムに集め、私財を投じて宮廷楽団を作ったプファルツ選帝侯カール4世フィリップ・テオドール（1724〜1799年）。このメンバーを中心に、この頃、活躍した作曲家たちを**マンハイム楽派**とよぶ。

ヴィオラ・ダ・ガンバ

16〜18世紀頃に活躍したが、近年また復活。「ガンバ」は脚の意味で、チェロほどの大きさの楽器を両足ではさんで演奏する。低音旋律楽器で、通奏低音を担当することも。

「通奏低音」とは？

バロック音楽独特の伴奏の形態。曲の最初から最後まで、低音楽器が休みなく演奏し続けて、曲全体を支える。チェロやコントラバスなどの低音旋律楽器も使われた。

ベルリオーズ

〜16世紀
中世・ルネサンス期
舞踊や宗教音楽の伴奏に楽器が使われていた。

16世紀末〜18世紀中頃
バロック時代
オペラや宮廷音楽のための楽団が作られ、活躍開始。

18世紀中頃〜19世紀初頭
古典派
交響曲のスタイルが確立。オーケストラの形がほぼ完成。

19世紀〜19世紀末
ロマン派
ベルリオーズらがオーケストラの編成・規模の更なる拡大に挑戦。

ベートーヴェンの果敢

オーケストラの規模の拡大には、楽器の改良も大きく関係している。またベートーヴェンは、さまざまな楽器を果敢に取り入れた。教会専用の楽器になっていたトロンボーンを最初に交響曲に使ったのもベートーヴェン。**『交響曲第9番』**では、その他にコントラファゴットやピッコロ、さらにシンバルや大太鼓、トライアングルといった打楽器も多数動員している。

さらにオーケストラの可能性を一気に推し進めたのが、ベルリオーズの**『幻想交響曲』**。ファゴットとホルンを4本にし、トランペットとコルネット、チューバを加え、ハープ2台と小太鼓、鐘まで導入したその編成は、19世紀中頃にはすっかり定着した。以来、管楽器は3管から4管へと拡大し、カスタネットやタンバリン、木琴やマリンバなどの打楽器や、ピアノ、オルガンといった**鍵盤楽器**まで登場するように。

だが20世紀に入ると、それまでの流れと逆行するように、小編成のためのオーケストラ作品も多く書かれるようになった。さらに近年はバロック時代の音楽を、当時の楽器で演奏する**古楽**のジャンルも注目されている。時代とともに、オーケストラ音楽は変遷を続けているのだ。

オーケストラ編成図解

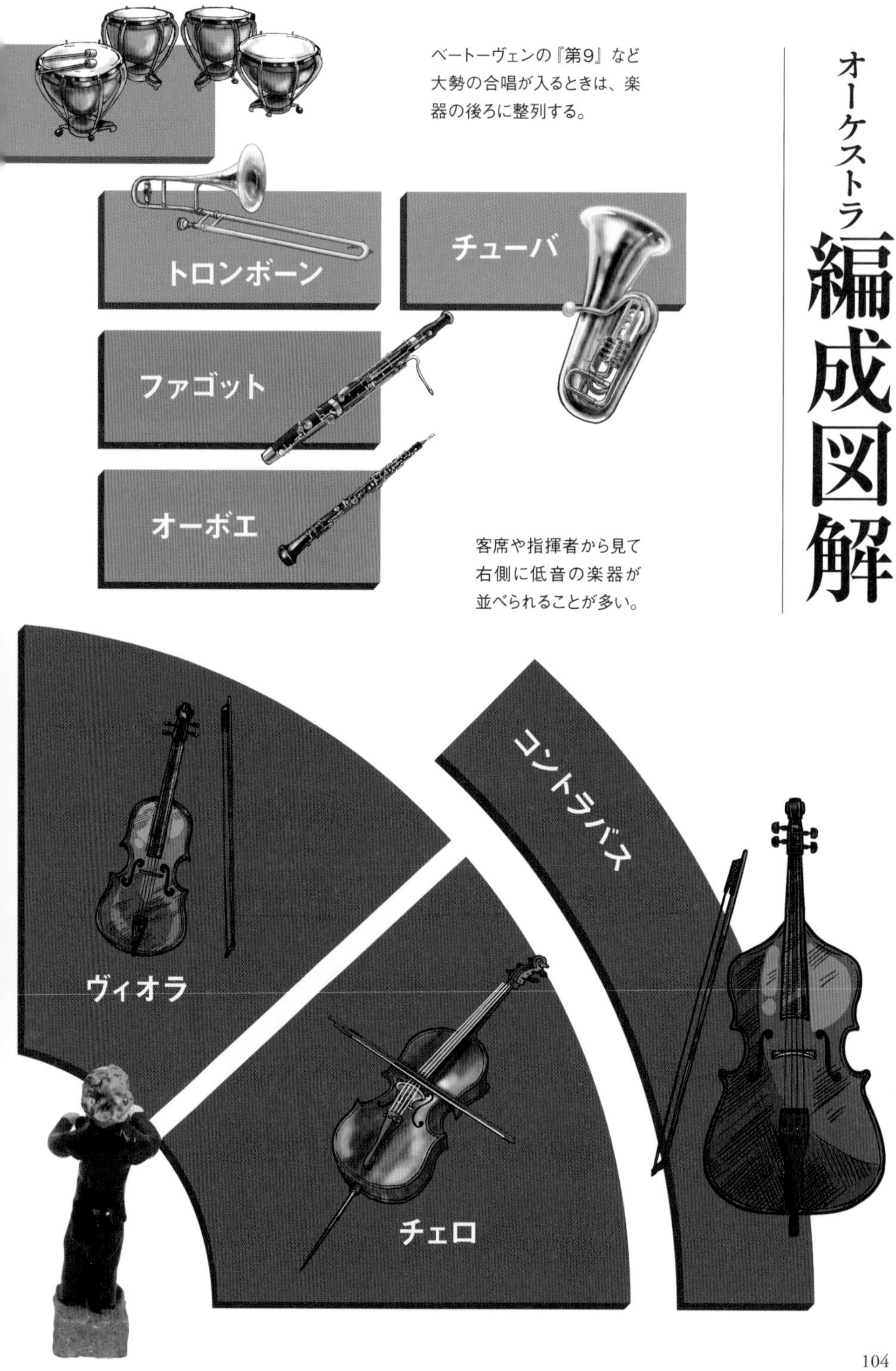
ベートーヴェンの『第9』など大勢の合唱が入るときは、楽器の後ろに整列する。
トロンボーン
チューバ
ファゴット
オーボエ
客席や指揮者から見て右側に低音の楽器が並べられることが多い。
ヴィオラ
コントラバス
チェロ

オーケストラの楽器の配置について、ごく一般的なものを紹介している。とくに決まりはないが、このように（客席から見て）左側に高音の楽器、右側に低音の楽器を集中して置くと、聴衆の耳に美しいハーモニーとなって音が届くといわれる。

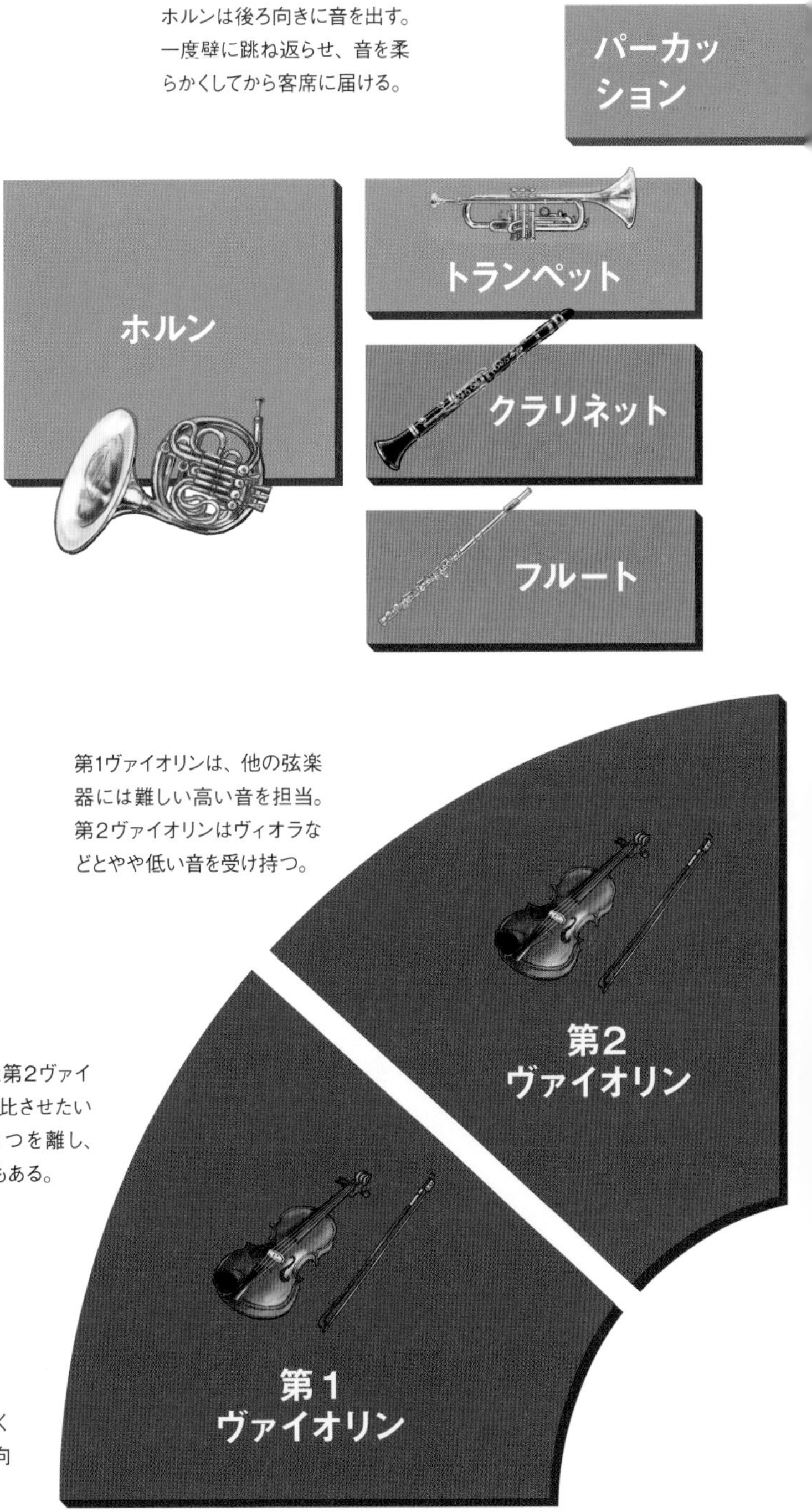

ホルンは後ろ向きに音を出す。一度壁に跳ね返らせ、音を柔らかくしてから客席に届ける。
パーカッション
ホルン
トランペット
クラリネット
フルート
第1ヴァイオリンは、他の弦楽器には難しい高い音を担当。第2ヴァイオリンはヴィオラなどとやや低い音を受け持つ。
第2
ヴァイオリン
第1ヴァイオリンと第2ヴァイオリンの演奏を対比させたいような場合は、2つを離し、反対側に置くこともある。
第1
ヴァイオリン

ピアノを置く時は、蓋の開く方向を客席に向けるため、向かって左側に配置される。

オーケストラの大きさ

オーケストラの規模を表すのに「2管編成」「3管編成」などの言葉が使われるが、「2管」とは「代表的な管楽器が各2人」の意味になる。フルート、クラリネット、オーボエ、ファゴット、トランペットなどだが、「2管」でもホルンは2〜4人となるし、もちろんすべての楽器が各2人ではない。おおよその基準を表にまとめてみたので参考にしてほしい。

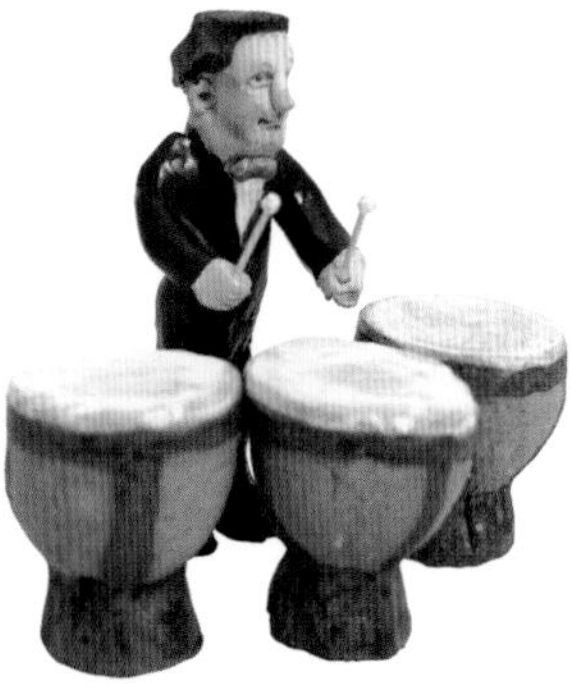

		1管編成	2管編成	3管編成	4管編成
弦楽器	第1ヴァイオリン	8	10	14	16
	第2ヴァイオリン	6	8	12	14
	ヴィオラ	4	6	10	12
	チェロ	2	4	8	10
	コントラバス	2	4	6	8
木管楽器	ピッコロ	−	−	−	1
	フルート	1	2	3	3
	オーボエ	1	2	2	3
	イングリッシュホルン	−	−	1	1
	クラリネット	1	2	3	3
	バス・クラリネット	−	−	−	1
	ファゴット	1	2	2	3
	コントラファゴット	−	−	1	1
金管楽器	ホルン	2	2〜4	4〜6	6〜8
	トランペット	1	2	3	4
	トロンボーン	1	3	3	4
	チューバ	−	1	1	1
打楽器	ティンパニ	−	1	1	1
その他	打楽器類	−	1〜数名	1〜数名	1〜数名
	合計	約30名	約50名	約75名	約100名

演奏会のいろいろ

一口に演奏会といっても、ソロ演奏から大人数オーケストラまで、さまざま。どんな種類があるのだろう。

室内管弦楽団

小編成のアンサンブルとしては、20名前後のメンバーから成る室内管弦楽団がある。この場合の「室内」とは本来、屋外との対比ではなく、教会と対比する言葉。教会以外の場所で演奏する小規模編成楽団を指す。ちなみに室内楽は、全パートの奏者が1人ずつ演奏する曲をいい、どんなに小規模編成でも、同じパートが2人以上になると（室内管弦楽ではなく）管弦楽ということになる。

リサイタル

厳密な区別はないが、1人か少人数の演奏会の場合は、リサイタルと呼ばれることが多い。

ソロリサイタル

ポピュラーなのは、独奏楽器ピアノ1人だけのソロリサイタル。最初から最後まで1人で演奏される。ヴァイオリンやチェロの無伴奏という独奏曲もあるが、リサイタルの最後まですべて1人というケースは、あまりない。

アンサンブル

演奏者2人からはアンサンブルと呼ばれる。2人（デュオ）の場合は、ピアノ奏者ともう1人（ヴァイオリンやチェロ、声楽など）という組み合わせが多い。

3人以上からは三重奏（トリオ）や四重奏（カルテット）、五重奏（クインテット）…と呼ばれ、9人で演奏する九重奏まである。ピアノを伴うこともあれば、伴わないことも。

金管五重奏（キンゴ）

トランペット2人、ホルン、トロンボーン、チューバのことが多いが、コルネットやユーフォニアムが使われるなど、バリエーションあり。

木管五重奏

フルート、オーボエ、クラリネット、ファゴット、ホルン。ホルンは金管だが、古典派時代から木管楽器と一緒に演奏することが多かった。

弦楽四重奏

第1、第2ヴァイオリン、ヴィオラ、チェロの組み合わせ。ハイドンは「弦楽四重奏の父」とよばれるほど、弦楽四重奏曲が多い。

指揮者

すべての楽譜を読み込み、全ての演奏者に指示を出す

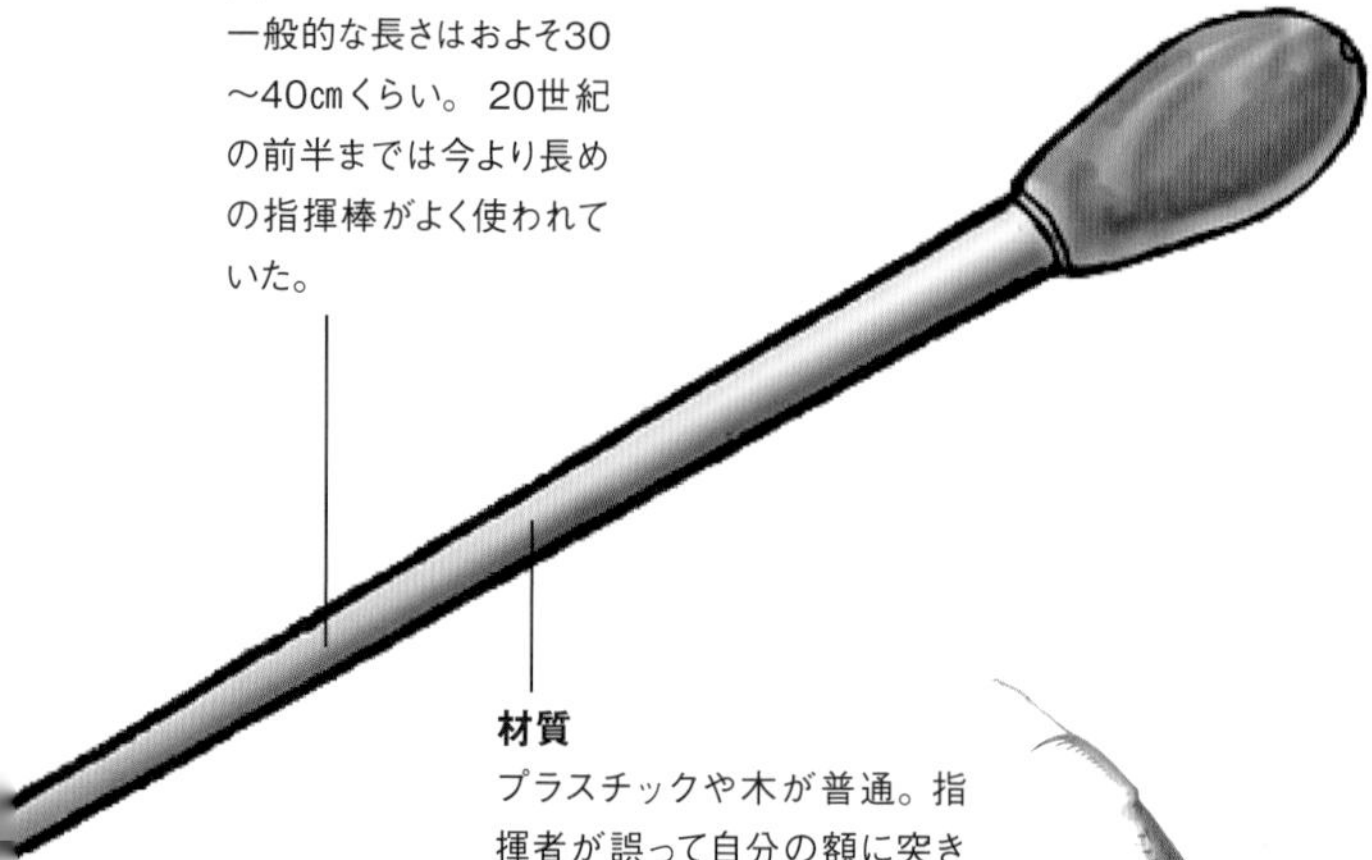
長さ
一般的な長さはおよそ30〜40㎝くらい。20世紀の前半までは今より長めの指揮棒がよく使われていた。
材質
プラスチックや木が普通。指揮者が誤って自分の額に突き刺してしまう事故も起きるため、変に折れにくい材質は逆に危険といわれている。

■指揮棒

使う指揮者も使わない指揮者もいる。カラヤンは合唱曲以外では使用。小澤征爾は途中から使わなくなり、佐渡裕は使うが演奏中に時折、力の入れすぎで折ってしまう。

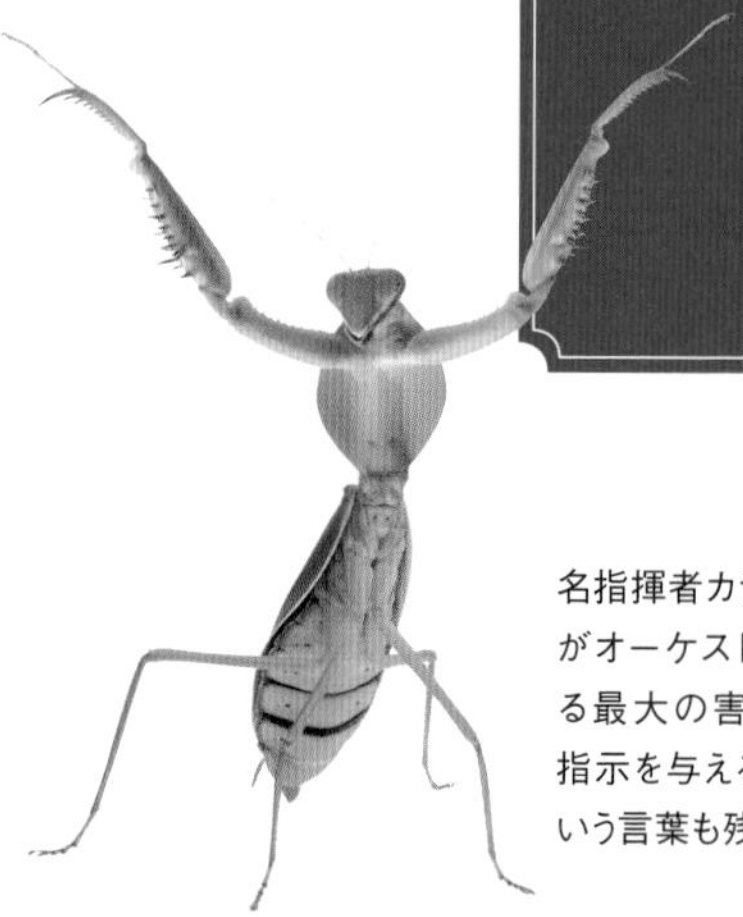

名指揮者カラヤンは「私がオーケストラに与えうる最大の害は、明確な指示を与えることだ」という言葉も残している。

演奏会に初めて行くと、驚く人がいる。それは指揮者の全身から放たれるオーラを感じてだという。確かにCDなどの音源から指揮者の姿を思い浮かべるのは、難しいことかもしれない。

演奏会では、その一挙手一投足が注目を集める指揮者。一〇〇人前後の演奏者を一つにまとめ、それぞれの個性を生かしながら一つの作品を創り上げていく。オーケストラのメンバーは、常に指揮者の動きに敏感に反応するため、視界のどこかにその存在を感じながら演奏している。

とはいえ指揮者にとって本番は、突発的なアクシデントで演奏が破綻しないか、いわば監督する役割。音楽づくりの基本は、リハーサルで行われる。

指揮者が演奏者と大きく違うのは、すべての楽器が奏でるメロディを詳細に把握していること。自分の楽器のパート譜だけで

監修・宮本が見た指揮者の傾向！

指揮者には、大きく分けて２つのタイプの人間がいるといえる。

まずは「自信家タイプ」。若いうちから指揮者となりチヤホヤされて、やや高慢になってしまった。演奏者との間に溝ができようが、別に気にしない。

もうひとつは、酸いも甘いも噛み分ける「老練タイプ」。懐の深さでみんなを仕切る。演奏者とあまり「なあなあ」の関係になってしまうのもよくない。完璧な人間である必要もないが、人として魅力があり、「ついていこう」と周りが思うこと。「あなたのためなら、どんな苦労でもします。何かあっても私たちが助けます」と思わせるキャラであれば、あなたはきっと名指揮者になれるだろう。

歴史

指揮のはじまりは、楽団員を統率するため、宮廷楽長がチェンバロで拍子の合図を出したこと。やがてイタリア出身の作曲家リュリが、長い杖で床をドンドン叩いてリズムをとる方法を考えるが、誤って足を突き刺し、破傷風で死亡。現在のような指揮棒が使われ始めたのは19世紀の初め頃。19世紀の半ばには指揮者の専門職化が進むことになった。

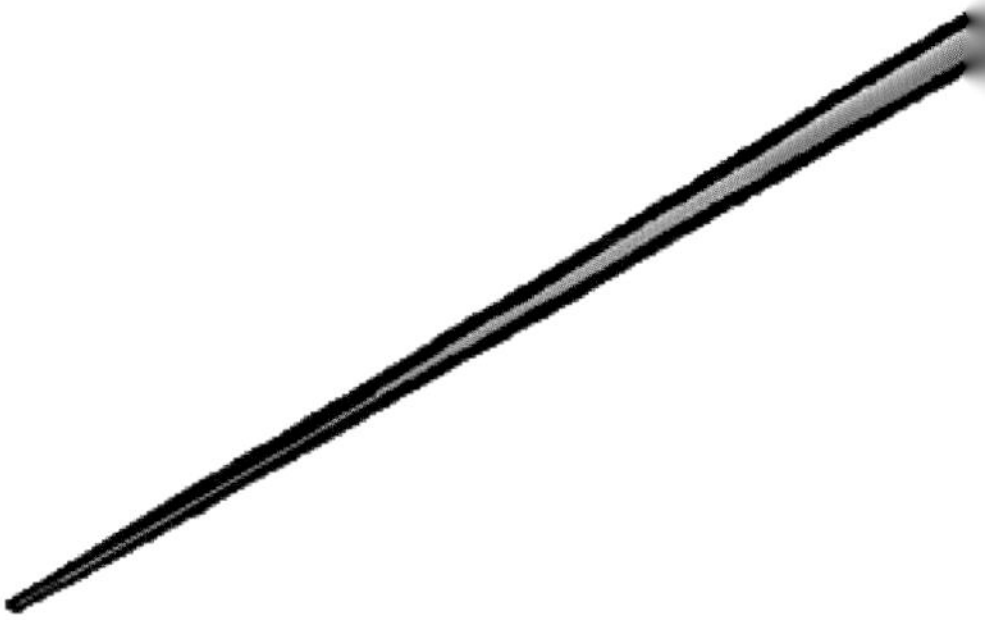

はなく、スコア、つまり総譜を読み込んで響きをイメージし、それをオーケストラから引き出していく。

どう解釈し、表現するか

楽曲解釈と一口にいっても、演奏の速度、拍子、強弱、表情など、決めなければならないことは山ほどある。たとえばフォルテ（「強く」という音楽記号）ひとつとっても、解釈によって音量が微妙に変わる。すべては指揮者次第。演奏によっては、今まで気づかなかった内声部のメロディを見事に浮き上がらせるなど、楽曲の新たな魅力を感じさせてくれる指揮者もいる。

楽曲の解釈は、人によってそれぞれ違う。またホールの音響や聴衆によっても、演奏は変わってくる。指揮者とオーケストラが作り出す一期一会《いちごいちえ》、たった一度の出会い。それがオーケストラ音楽の魅力なのだ。

木管楽器

オーボエ

落ち着いた音色
演奏開始前から活躍する

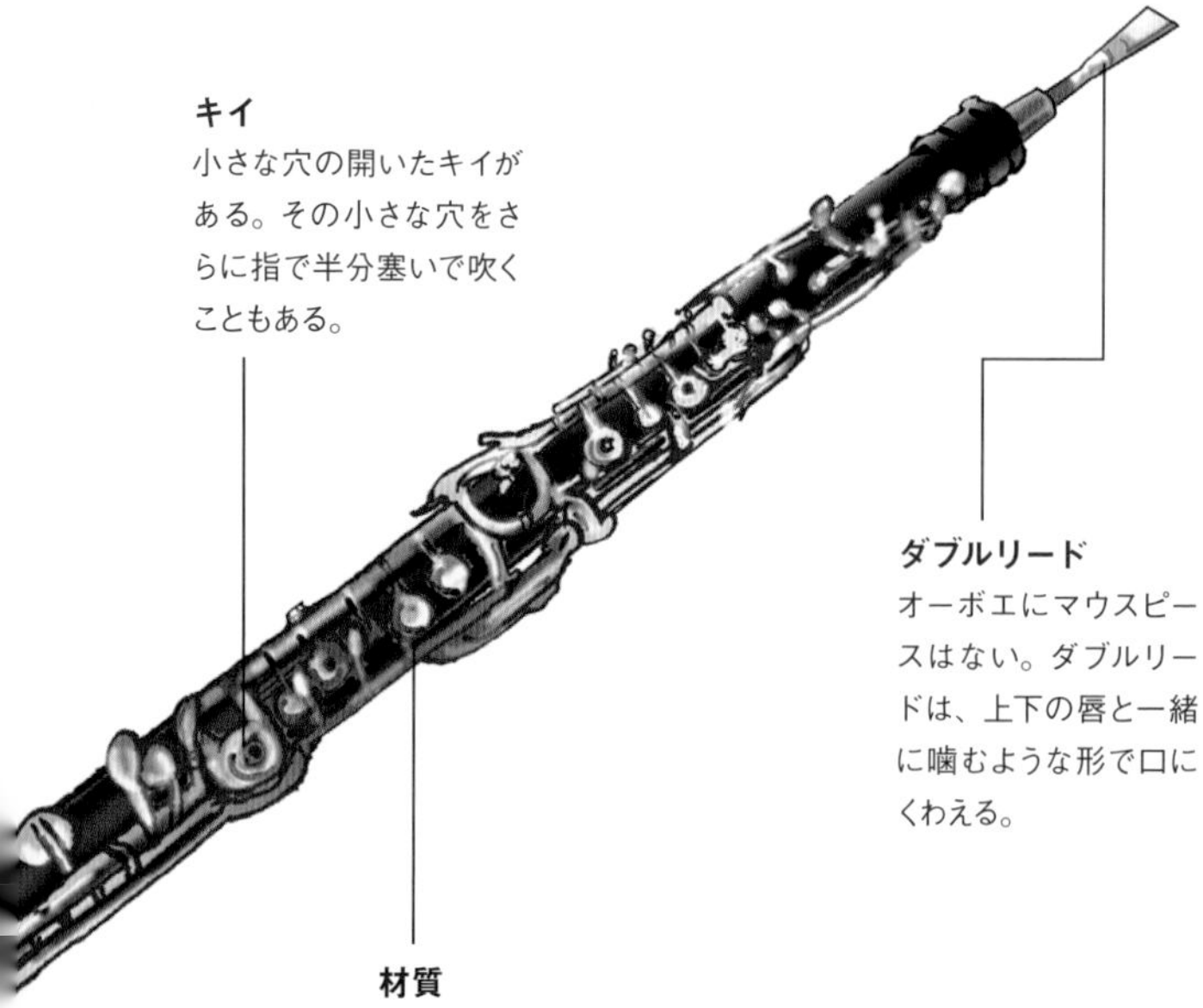

キイ
小さな穴の開いたキイがある。その小さな穴をさらに指で半分塞いで吹くこともある。
ダブルリード
オーボエにマウスピースはない。ダブルリードは、上下の唇と一緒に噛むような形で口にくわえる。
材質
グラナディラという黒檀に似た木材で作られるのが一般的。とても硬く、重いので水に沈む。

目立ち度
習いやすさ
登場頻度
経済的
使いやすさ

■オーボエ
長さ：約70㎝　重さ：約680g
使用曲：モーツァルト『オーボエ協奏曲 ハ長調』ほか

落ち着きのある音色、哀愁を帯びた響きを持つオーボエ。どんな音だったか、ピンとこない人は、『白鳥の湖』の出だしを思い出してほしい。冒頭にメロディを奏でているのが、オーボエだ。

ダブルリードの楽器。すなわちリードとよばれる葦竹製の薄板2枚を重ね合わせ、それを振動させて音を作る。実は、演奏が世界一難しい木管楽器としてギネスブックにも載っている。ただし構造上、音程が狂いにくいことから、オーケストラがチューニング（音合わせ）をする時は「ラ」の音を吹いて音頭をとる。当たり前だが、みんなを困らせてしまうので遅刻は許されない。

名前の語源はフランス語で「高い木」。ルネサンス期に使われていた木管楽器が、17世紀に室内音楽用に改良され、現在のオーボエになったとされている。

オーボエの音を
聴いてみよう！
（QRコードの
説明はP.10）

オーボエのおもな仲間

■イングリッシュホルン

長さ：約100㎝
別名コーラングレ。オーボエより音がやや低い。ドヴォルザーク『新世界より』第２楽章（遠き山に日は落ちて）などで活躍。

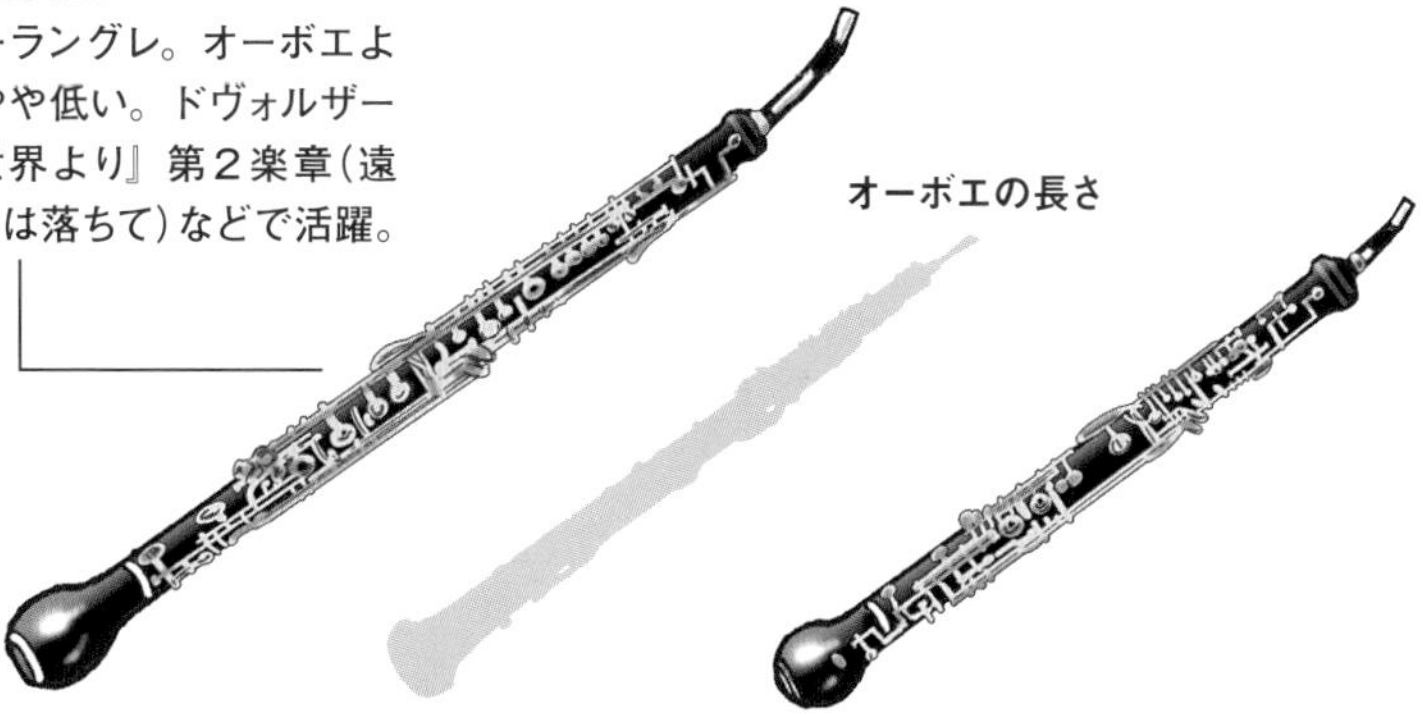

■オーボエ・ダモーレ

長さ：約80㎝　甘美な音色を持ち、バッハのお気に入りの楽器のひとつだったらしい。

ダブルリードの作り方

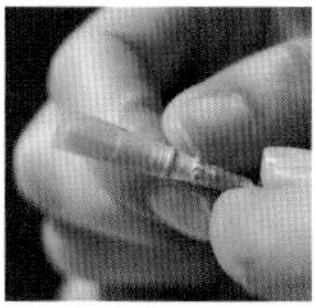

乾燥した葦竹の丸材をまず縦に３～４分割。削って船のような形に整え、二つ折り。コルクのついたチューブに糸で巻きつけ、先端を切って削って……。細かい手作業になる。

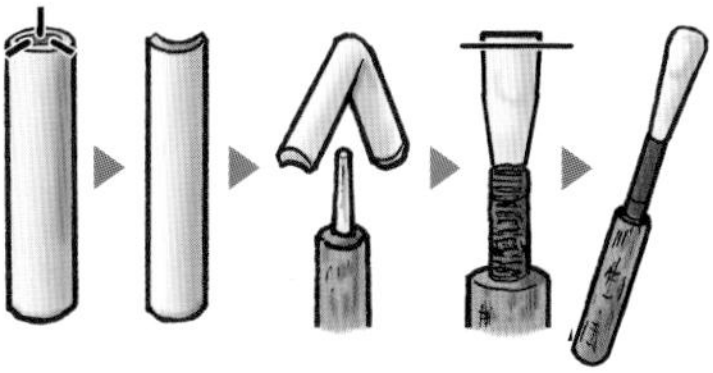

**監修・宮本が見た
オーボエ奏者の傾向！**

自分も吹いていたからよく分かるが、オーボエは吸い込んだ息のほぼ9割方を使わずにいるため、演奏中とても苦しい。苦しい中、ほっと息をつく瞬間の快感を知っている「M体質」でないとやっていられない？
また調子よく吹けている時でも、常にリードの寿命を意識しているため素直には喜べず、結果、屈折した性格になりがちなのだ。

手作り要素のある楽器

口にくわえるダブルリードは、出来合い品がなくはないが、プロ奏者は大抵、自分で丸材から作っている。上手に出来てもリードには寿命があるので、たいてい2～3日で交換しなければならない。工作的な作業や、試行錯誤が不可欠な楽器なのだ。

木管楽器

大事にしてたのに鳴らなくなったわけ
クラリネット

流麗な音色のクラリネット。リードが1枚のシングルリード楽器である。ヨーロッパで古くから使われていた民族楽器の縦笛シャリュモーを改造する形で18世紀初頭に誕生。表現性、機能性を高めながら、現在見られる形に発達した。オーケストラの中では新しい楽器だが、音域が広く、音色も温かみのある中音域から、ときに突き刺すように響く高音域までバリエーションに富む。いわゆるクラリネット属といわれる同属楽器も豊富で、ソプラリーノ、アルト、バスなどがある。

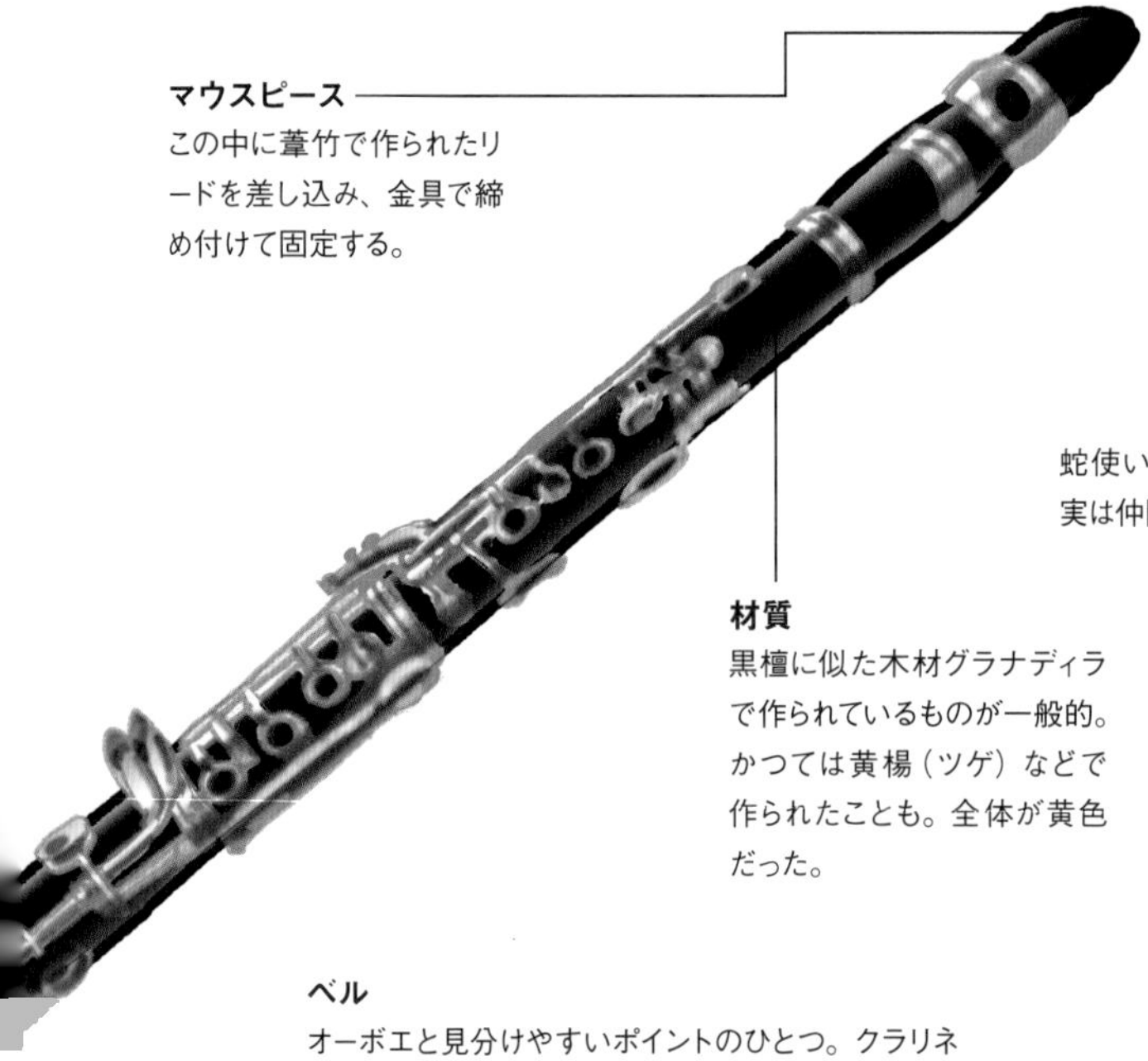

マウスピース
この中に葦竹で作られたリードを差し込み、金具で締め付けて固定する。

材質
黒檀に似た木材グラナディラで作られているものが一般的。かつては黄楊（ツゲ）などで作られたことも。全体が黄色だった。

ベル
オーボエと見分けやすいポイントのひとつ。クラリネットのベルは、アサガオのように広がっている。

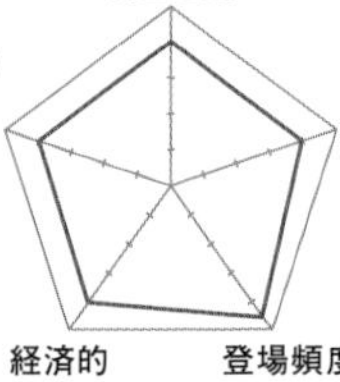

蛇使いの笛も、実は仲間。

クラリネットのリードをつける部分。

■クラリネット

長さ：約70cm　重さ：800g
使用曲：ブラームス『クラリネット・ソナタ』ほか

『クラリネットをこわしちゃった』という童謡がある。歌の後半に明かされるが、ドレミファソラシの全音が出ない。「とっても大事にしてたのに」が本当だとしたら、どうして音が出なくなったのか？

おそらくリードが寿命を迎えただけであろう。オーボエやファゴットと同じく、クラリネットのリードも葦竹を削って作られた薄い板である。プロの奏者の場合は、早ければ数日で新しいものに交換するのだ。パパは息子に教えておくべきだった。

監修・宮本が見たクラリネット奏者の傾向！

人柄がよく、当たりがヌメ〜ッとしてソフトな感じの奏者が多い。普段からストレートに息が吐ける楽器を使っているからだろうか（前ページ参照。オーボエは少し苦しい）。クラリネット奏者で腹黒い性格の人など、まずいないのではないだろうか。

クラリネットのおもな仲間

クラリネットの音を聴いてみよう！

クラリネットの長さ

■コントラバスクラリネット

通常使われているクラリネット属の中では最大。最も低い音域を担当。さらに大きいオクトコントラアルトクラリネットなどもあるが、非常に珍重。

■バスクラリネット

長さ：約110㎝
ワーグナー『ニーベルングの指輪』などで使われている。やはり略称で呼ぶ時は「バスクラ」。

■アルトクラリネット

長さ：約90㎝
やや低い音。オーケストラでは使われないが、ブラスバンドなどで活躍。略して「アルトクラ」「アルクラ」などとよばれることも。

木管楽器

フルート

金属製でも木管楽器？　涼やかで華のある音色

キイ
完全な蓋になったカバードキイを持つフルートと、中央に穴の開いたリングキイを持つフルートの2種類がある。

リッププレート
吹き口（歌口）を半分以上塞がずに息を吹き込むため、中へ入らず、逃げてしまう空気も多い。

材質
銀メッキ、総銀製、ニッケルやゴールド、プラチナを使ったものもある。19世紀にはガラス製が流行したことも。また最近は、本体に木材グラナディラを使ったものも、音色に温かみがあって人気が出ている。

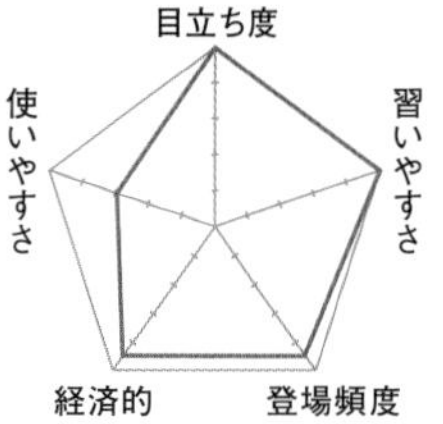
目立ち度
習いやすさ
登場頻度
経済的
使いやすさ

■フルート
長さ：約66〜70cm　重さ：約500g
使用曲：ビゼー『アルルの女』より『メヌエット』ほか

澄んだ音色の花形楽器。板状のリードは使わず、唇《くちびる》で空気の束を作り、楽器の吹き口に当てて音を出すエアーリード楽器のひとつ。空き瓶の口に息を吹いて鳴らすのに似ている。吹き込んだ空気それ自体が振動し、あの音色を生んでいる。

オーケストラには18世紀半ば頃に定着。もともとは木製で、音程も不安定だったが19世紀、ドイツの管楽器製作者テオバルト・ベームによって改良され、以後、金属製が主流に。正確な半音階と大きな音量、3オクターヴ以上の音域を奏でることが可能になった。

「金管楽器」と「木管楽器」

金属製が主流になったとはいえ、フルートは今も木管楽器。実は、金管楽器と木管楽器の分け方は、材質と関係ない。トランペットやホルンのように唇の振動を使って

フルートの音を
聴いてみよう！

フルートの長さ

フルートのおもな仲間

ピッコロ

長さ：約34cm　重さ：約200g
イタリア語で「小さい」という意味。フルートよりも1オクターヴ高い音域を持ち、木管楽器の中で一番高い音を出す。第2、第3フルート奏者が持ち替えて演奏する場合がある。19世紀以降のオーケストラの必需品で、全員がフォルティッシモで演奏していても、突き抜けるように響き渡る。

アルトフルート

フルートより音域が低い。曲がったものもあるが、まっすぐなタイプの場合、長さ約84cm。

バスフルート

アルトフルートより更に低い音域を担当。通常曲がっているが、もし延ばした場合、約130cmにもなる。

音を出す楽器（リップリード）が金管楽器で、あとは木管楽器とされる。

名前の語源はラテン語の「Flatus」（フラトゥス／息、息吹の意味）といわれているが、18世紀半ば頃までは、おもに縦笛のリコーダーがフルートとよばれていた。

監修・宮本が見たフルート奏者の傾向！

根が素直で爽やか、ポジティブ。妖精のようにフワフワ〜ッと浮遊した感じの人も時折いる。
フルート奏者をほめる時の“殺し文句”を教えよう。彼らは自分の音が埋もれやすいことを気にしている。だから他の奏者には「今日の演奏は音楽的だったね」と言うところを、フルート奏者に対しては「今日はよく聞こえてた」「よく鳴ってたね」とほめるのだ。

金管楽器

輝かしきヒーロー 声高の主張者 トランペット

バルブ
空気の流れを切り替え、音を変える押しボタン。押し下げると、息が延長管へと流れ込み、通り道が延ばされることで音程は下がる。

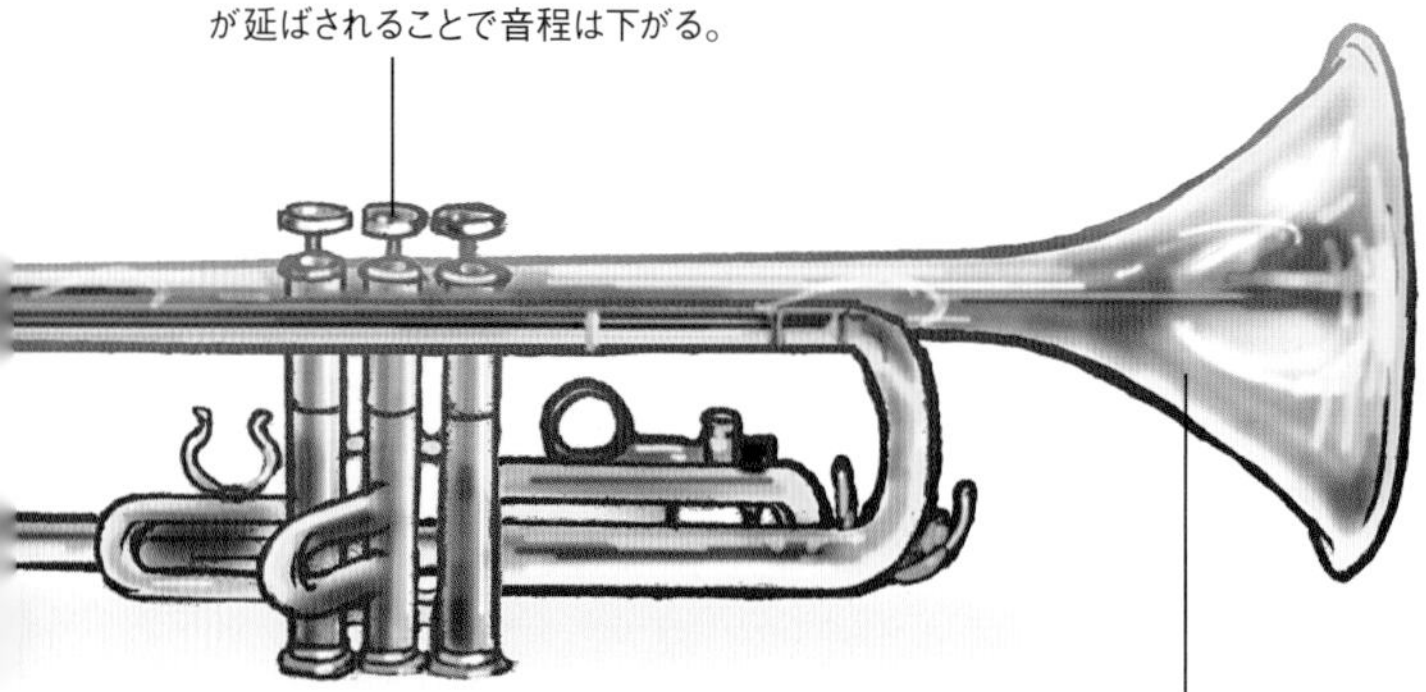

マウスピース
金管楽器は、リードを使わず、自分の唇を振動させて音を出す。いくら息だけ吹き込んでも、唇を震わせなければ音は出ない。

材質
ブラス（真鍮）に金メッキが多いが、合金の割合にまでこだわり、楽器の開発にいそしむ奏者も少なくない。

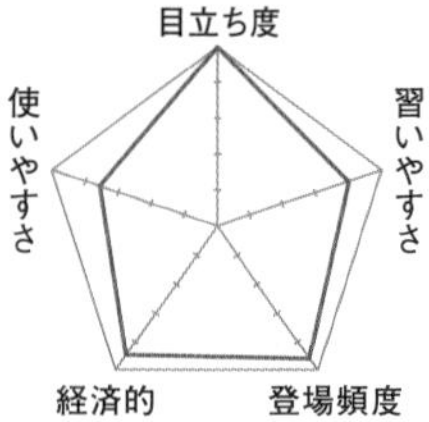
目立ち度
習いやすさ
登場頻度
経済的
使いやすさ

■ トランペット

長さ：約53cm　重さ：約1〜1.2kg
使用曲：ムソルグスキー『展覧会の絵』より『プロムナード』ほか

金管楽器の中で一番高い音域を担当。明るく華やかな音色を持ち、楽器全体の中でも花形的存在。

トランペットの原型ができたのは14世紀頃。もとはバルブがなく、口に当てて吹くだけだった。おもに合図を送るために使われていたが、17世紀初頭から形状も変化し、旋律を奏でるように。宮廷の権威を示す象徴にも使われ、一般市民の演奏は制限されていたという。

バルブが使われるのは19世紀初頭から。それまでのハイドンやモーツァルトの時代は、ナチュラルトランペットと呼ばれ、奏者が唇の技巧を駆使し、名人芸を披露していた。バルブが付いてからは、半音階を出すのも容易になり、機能面でも充実したが、見ておわかりのとおり、3つしか付いてない。現代のトランペッターも唇を使って、音を変えているのだ。

トランペットのおもな仲間

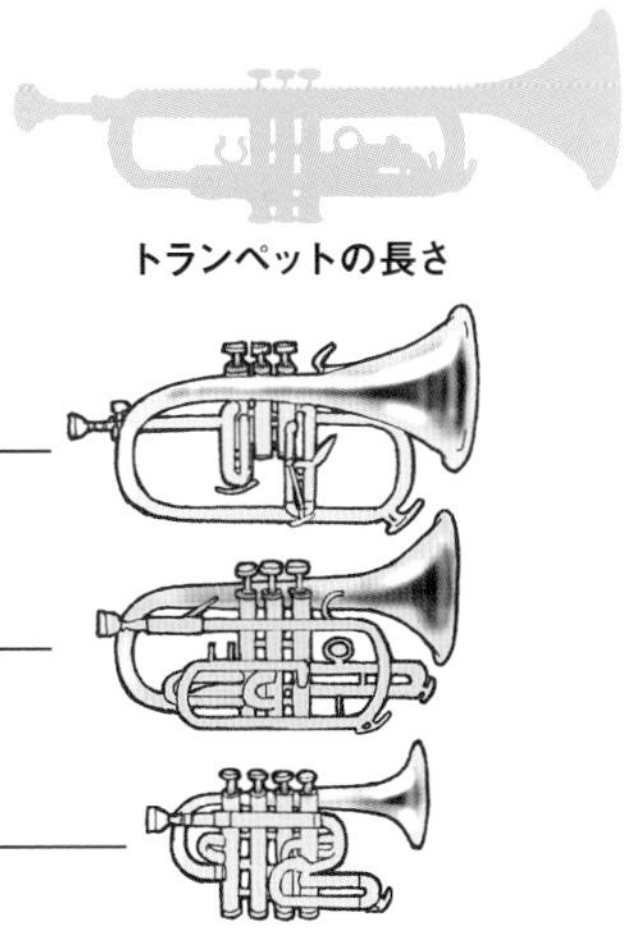

■フリューゲルホルン

トランペットより若干柔らかい音が出る。こちらもオーケストラより吹奏楽、ジャズで使われることが多い。

■コルネット

形状はトランペットに似ているものの一回り小さい。起源もポストホルン（郵便配達の知らせ）に遡るなど、歴史的に異なる背景がある。吹奏楽やジャズで使われることが多い。

■ピッコロトランペット

誕生したのは19世紀だが、バロック期のバッハの曲の演奏などによく使われ、バッハ・トランペットともよばれている。

トランペットの音を
聴いてみよう！

B♭管、C管って何？

トランペットやホルンは、曲の調性によって、B♭管、C管、F管など異なる調性の楽器を使う。——ものすごく簡単に説明すると、同じトランペットでも出せる音の高さに違いがあり、「じゃあ、このトランペットはどの高さ？」という時、基準の音（ド）がシ♭（B♭）の音になっていれば「B♭管」と呼ぶようにしたのだ。低いほうからB♭管、C管、F管となる。

監修・宮本が見たトランペット奏者の傾向！

全体の雰囲気が高まってきた中で、決めのセリフを叫ぶことができる楽器。言いかえれば、大事なことを言わされる役目である。指揮者に「はい、ここ！　言って言って言って！」と合図を送られた時、うかつに失敗ができない緊張感がつきまとう。やり手のビジネスマンにも時々いるように、重責ゆえ、やや神経質になってしまう奏者も多い。

金管楽器

トロンボーン

伸縮しながら歌う男の声の楽器

■テナートロンボーン

（単にトロンボーンと呼ぶ時、
通常は、このテナートロンボーンを指す）
長さ：約120～130㎝
　（スライドは約60㎝伸びる）
重さ：約1.3kg
使用曲：ロッシーニ『泥棒かささぎ』序曲ほか

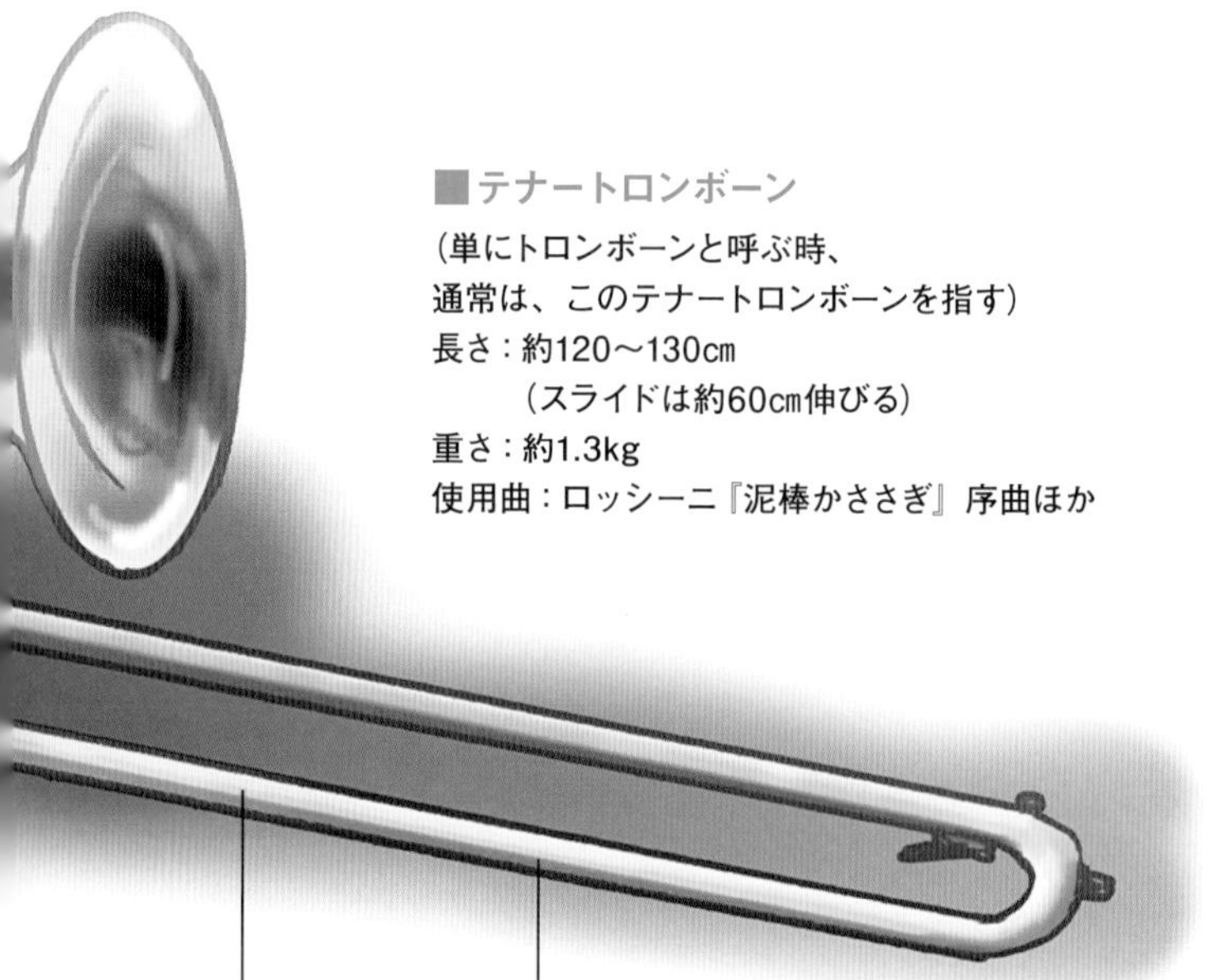

素材
ブラスにメッキをほどこしたものが一般的。

スライド
この部分を伸び縮みさせることで音程を変える。同じポジションでも、吹き方を変えることで複数の音階を出すことができる。

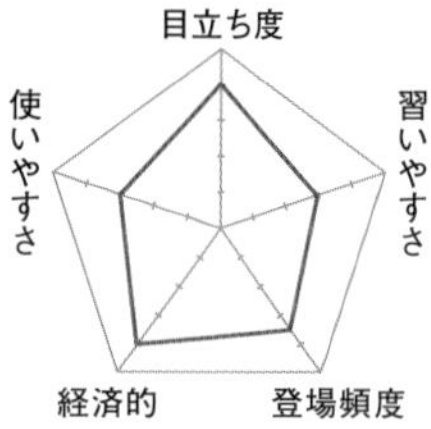
目立ち度
習いやすさ
登場頻度
経済的
使いやすさ

原始的なトランペットから枝分かれし、発達した楽器。U字型の管をスライドさせることで音を変える。スライドを長く、遠くに伸ばすほど低い音が出る。レガートがなめらかで、人間の声のように柔軟に演奏できるのが魅力だ。

15世紀頃には、今のものとほとんど同じ形のものが使われていた。つまりトランペットより先に完成形に近づいていたといえるだろう。

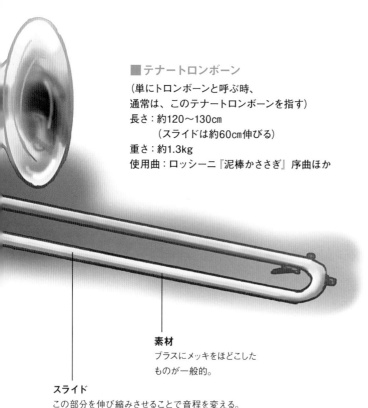

“聖なる楽器”

実はトロンボーン、16世紀頃には教会音楽に欠かせない楽器として活躍していた。なめらかで、美しいハーモニーを奏でられるので、「神の楽器」とさえ呼ばれていたのだ。そこに目をつけたのが、あのベートーヴェン。一八〇八年、彼が『交響曲 第5番〈運命〉』第4楽章ではじめてこの楽器を使い、

■バルブトロンボーン

19世紀中ごろには、バルブ式が流行したことも（スライドはしない）。

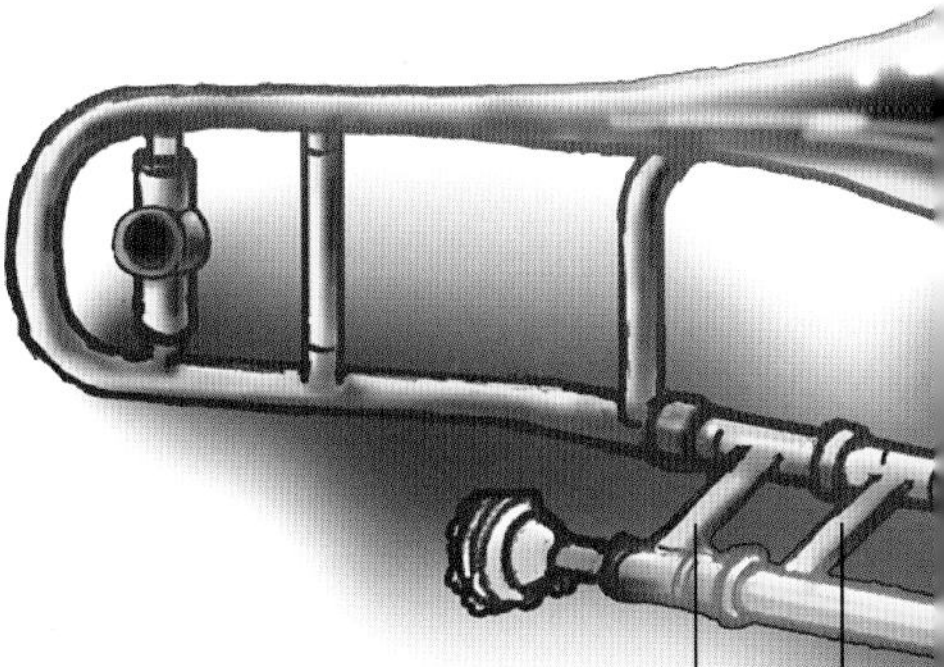

マウスピース・ブレース
左手でここを持って支える。
スライド・ブレース
右手でここを持って、操作する。

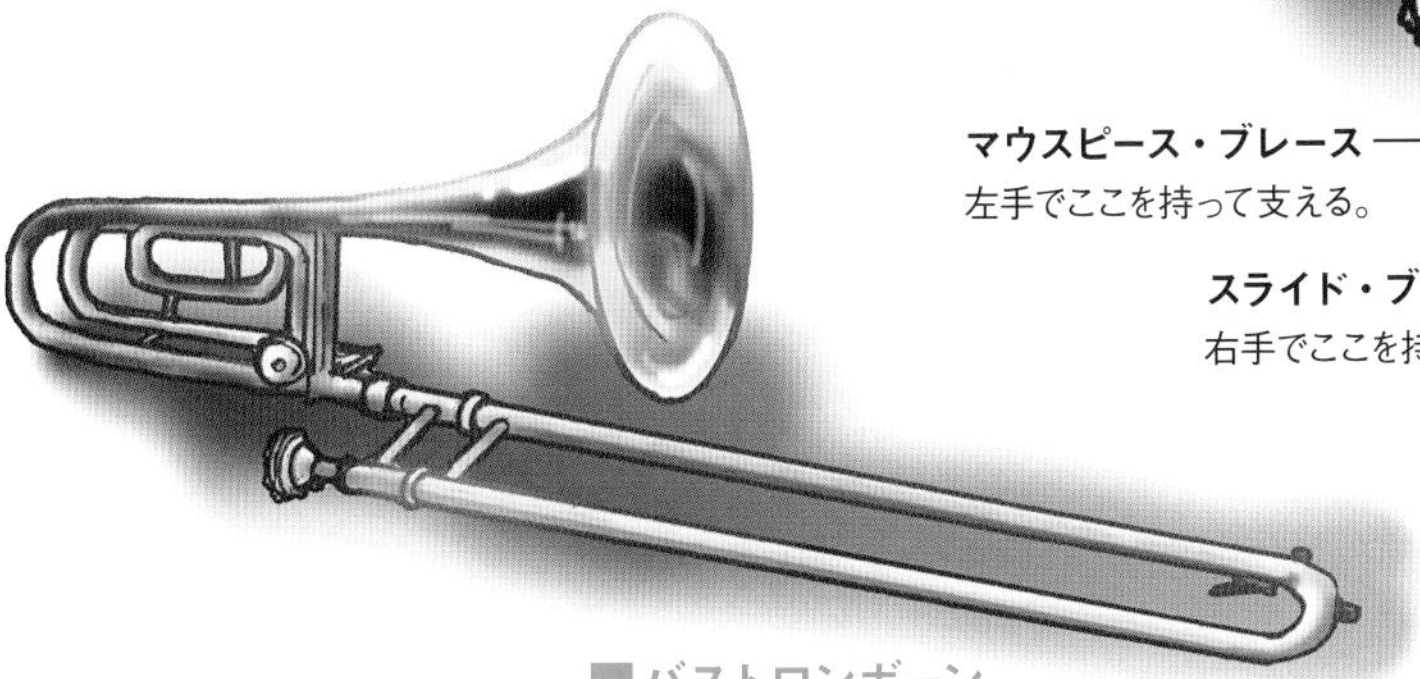

■バストロンボーン

テナーやテナーバスより大きく、管も太い。
テナートロンボーンと役目が異なり、チューバやコントラバスのようにベースラインを担当することが多い。

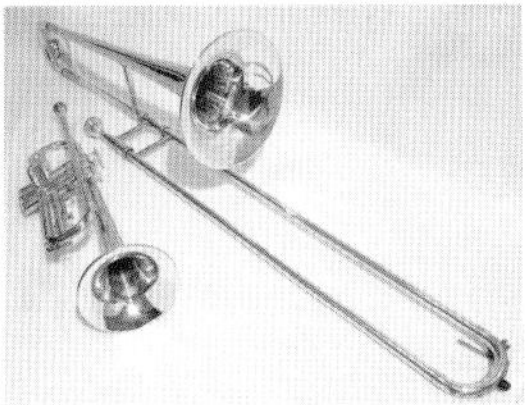

トランペットとの大きさ比較。確かにかなり大きい。

トロンボーンの音を聴いてみよう！

以降トロンボーンは、オーケストラの楽器として定着していく。

トロンボーンの名は、イタリア語のトロンボ（トランペット）に、「大きい」を意味する接尾語「オン」が付いたもの。音域としては、成人男性の声域に近い楽器だが、アルト、テナー、テナーバス、バスなど多くの種類がある。

監修・宮本が見たトロンボーン奏者の傾向！

音程をスムーズに変えられる楽器を使っているからか、細かな指使いを気にせず演奏できるからか、トロンボーンの奏者には、比較的温厚な性格の持ち主が多いように思う。

金管楽器

ホルン

角笛から進化 多機能うずまき楽器

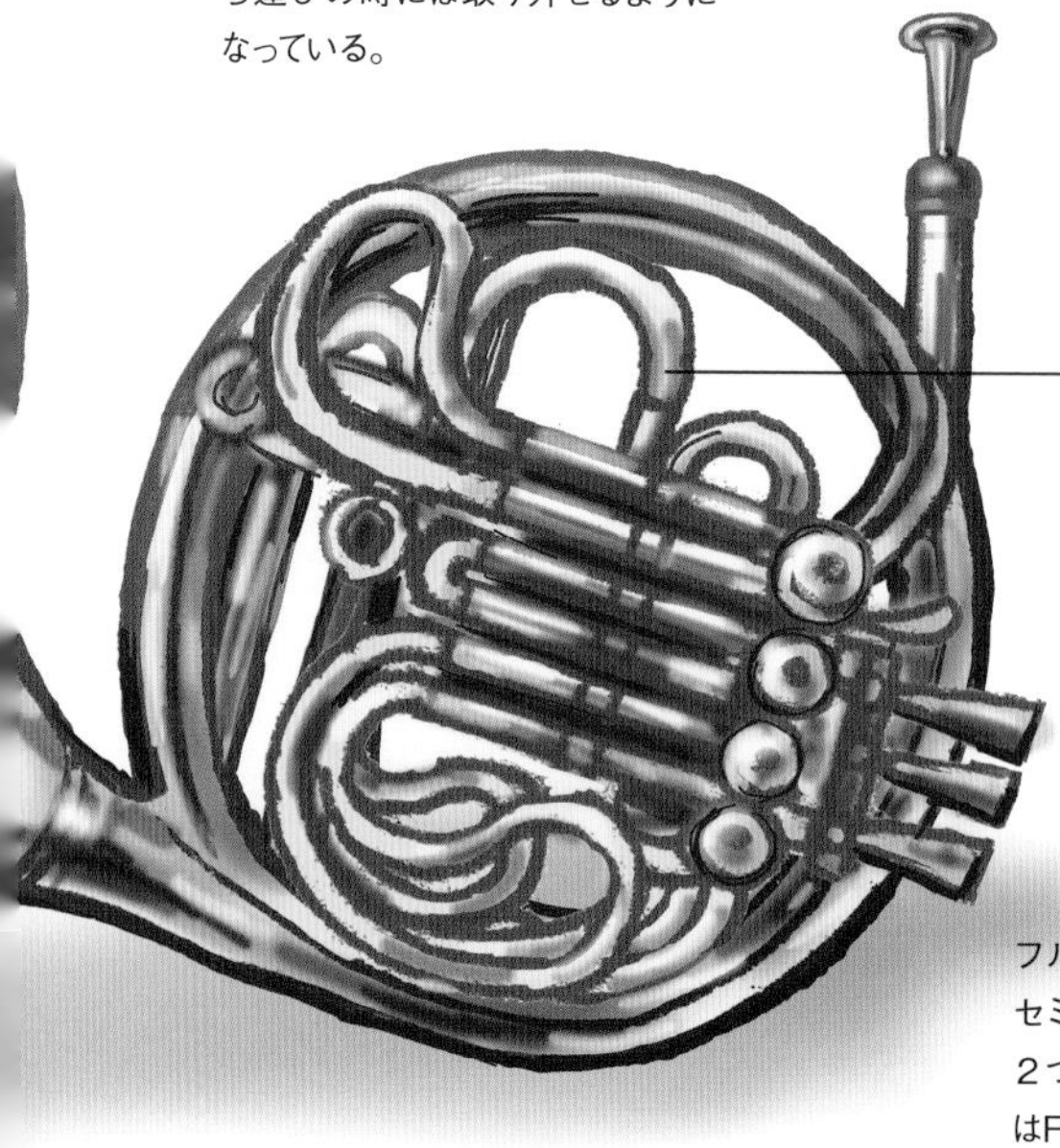
ベル
直径約30㎝もあるが、収納や持ち運びの時には取り外せるようになっている。
フルダブルホルン、セミダブルホルンは2つの調性（ダブルはF管とB管）を装備。

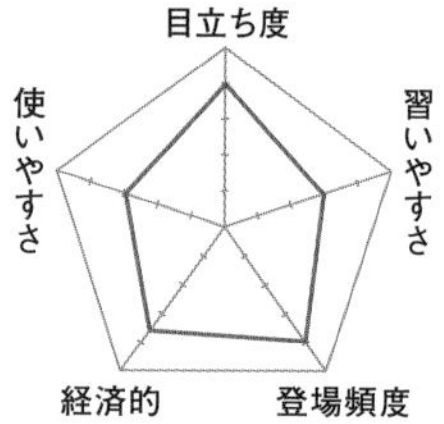
目立ち度
習いやすさ
登場頻度
経済的
使いやすさ

■ホルン（フルダブルホルン）

長さ：約40～50㎝（F管の長さは約3.6m）
重さ：約2kg
使用曲：ドヴォルザーク『新世界より』ほか

もとは狩猟の際、合図を送るために使った楽器で、動物の角などで作られていた。ほかにポストホルン（郵便が届いたことを知らせる役目）もあり、当時は馬の手綱を右手で持ち、左手でホルンを持って吹いたので、その名残により今もホルンは左手で持って演奏される。

中世からバロックにかけてはバルブがなく、基本は自然倍音。それ以外の音は朝顔と呼ばれる直径約30センチのベルに手をかざして音程を作り出していた。

器用な楽器

バルブの付いたホルンが登場するのは19世紀に入ってから。それにより半音階の演奏が飛躍的に改革された。牧歌的な柔らかい音から勇ましい音まで表現力が幅広く、音域も非常に広い。アルトから最低音域を担当する楽器くらいの音域までカバーする。

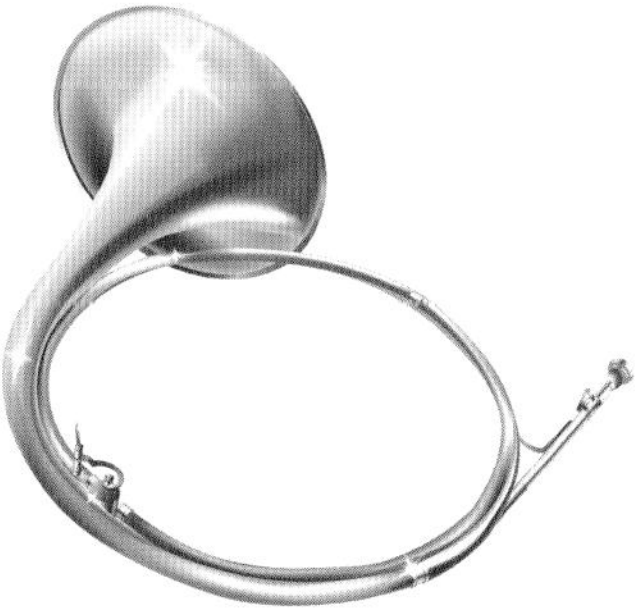

先史時代から使われ、徐々に形を変えてきたホルン。
スイスでは、アルプホルンとして長大化。

聴衆に対して、少し柔らかくした音を聞かせるためホルンのベルは後向き。また奏者はベルの中に右手を入れて、音程、音色、ボリュームなどをコントロールする。

シングルホルン（上）は調性が１つ。ほかに３つの調性があるトリプルホルンや、ウィーン・フィルハーモニーがこだわって使っているウィンナホルンなどもある。

しかも、フルダブル、セミダブル、トリプル方式のホルンになると、調性（音の高さの基準）が違う管を装備しており、レバーひとつで切り替えができるため、とても器用な楽器といえる。トランペットやクラリネットの場合は、持ち替えることになる。

ホルンの音を
聴いてみよう！

監修・宮本が見た ホルン奏者の傾向！

吹き込んだ息がクネクネとしたパイプの中を通る楽器。ホルン奏者の物事の考え方もそれに似ている。つまり若干、理屈っぽい傾向があるように思えるのだ。
そしてなぜだか集団行動が好き。ごはんも一緒、遊びに行くのも一緒。一匹狼タイプのホルン奏者は、ちょっと見たことがない。狩りの時、仲間に合図を送るための楽器だったからか？

金管楽器

低音が魅力の超大型新人 チューバ

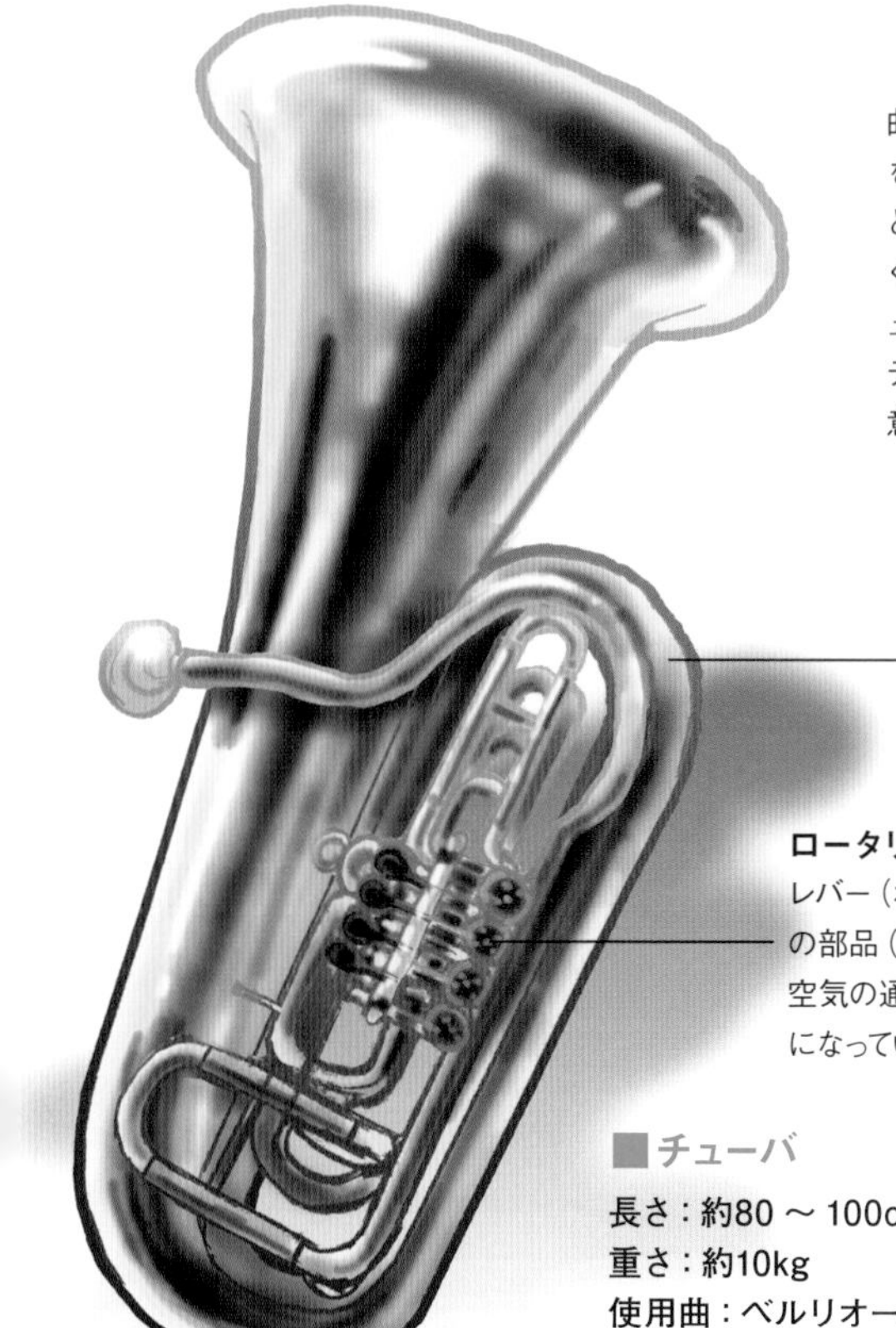
曲がりくねった管をもし全部伸ばすと、10メートル近くになる。なお、チューバの名前はラテン語で「管」の意味である。
ロータリー式バルブ
レバー（ボタン）を押すと、中の部品（円盤）が90度回転。空気の通り道を変える仕組みになっている。

■チューバ
長さ：約80 ～ 100㎝
重さ：約10kg
使用曲：ベルリオーズ『幻想交響曲』第５楽章ほか

目立ち度
習いやすさ
登場頻度
経済的
使いやすさ

金属楽器の中で最も大きく、最も低い音域を受け持つ楽器。

歴史は意外に浅く、19世紀に登場。しかも最初はオーケストラ用ではなく、軍の楽隊用に作られたとのこと。したがって古典派・ロマン派時代のクラシック音楽には基本的に登場せず、近現代になってからである。（もっともチューバの登場前の18世紀には、オフィクレイドという低音金管楽器が存在していた）

スタイルさまざま

音域によりテナー、バス、コントラバスの3種類に分類され、またB♭管、C管、E♭管、F管など、調性によっても種類が分かれる。音階を変えるバルブには**ピストン式**と**ロータリー式**があり、ピストン式はさらにトップアクション（バルブが楽器の上方に配置されている）か、フロントアクショ

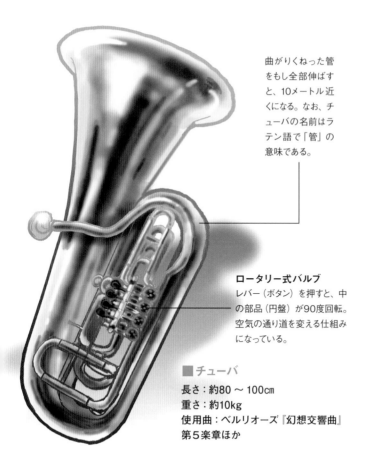

チューバのおもな仲間

チューバの音を
聴いてみよう！

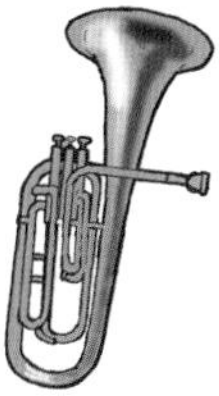

■アルトホルン

日米ではアルトホルンとよばれるが、英国ではテナーホルンとよばれる。ややこしいことに米国でテナーホルンと呼ぶと、少し大きいバリトンホルンのことになる。

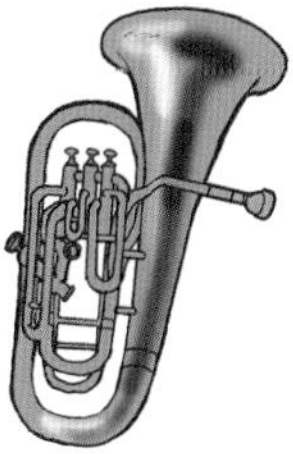

■テナーチューバ（ユーフォニアム）

長さ：約70cm　重さ：約4.5kg
音域はトロンボーンとほぼ同じ。マウスピースもそれに同じである。管を伸ばすと約3メートルほどになる。

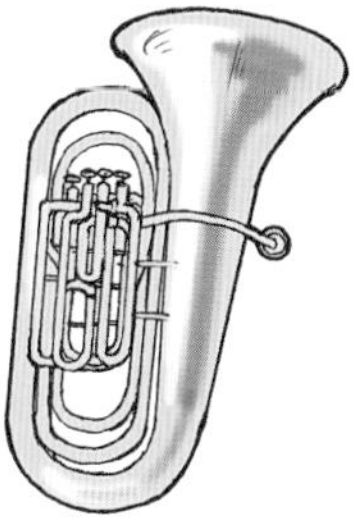

■ピストン式チューバ

このイラストは、ピストン式トップアクションのチューバ。大きさや重さは、ロータリー式とほぼ同じ。

■マーチングチューバ

肩にかついだ時、バランスがとりやすいようにはなってはいるが、重量自体はさほど変わらない。

■ワーグナーチューバ

ワーグナーが人生をかけて書いた楽劇『ニーベルングの指環』のため、自ら考案した楽器。管が細く、軽快な響きを持っている。

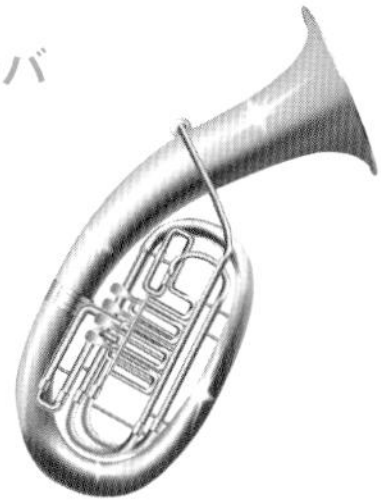

ピストン式トップアクションのチューバは、ベルが奏者の向かって左側に（写真左）。ピストン式フロントアクションとロータリー式は右側（写真右）にくる。

ン（バルブが楽器の前方にある）かに分かれ、持ち方やベルの向きが変わる。フランス、イギリスではトップアクション式が、アメリカはフロントアクション式が人気。ロータリー式はドイツ、オーストリア、ロシアなどで使われる。国の習慣や個人の好みによりさまざまなのだ。

監修・宮本が見たチューバ奏者の傾向！

「俺は縁の下の力持ち！」というのを自覚。皆の支えになることを役目としているためか、チューバの奏者には心の大きな人が多い。
余談だが、チューバ向けの曲は数が少ないので、入学試験や期末試験、入団試験などは、たいていヴォーン・ウィリアムズの『チューバ・コンツェルト』になってしまう。いつもその曲だけでいいのか？という気がしないでもない。

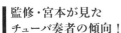

木管楽器

ファゴット

二つ折りになったダブルリード楽器

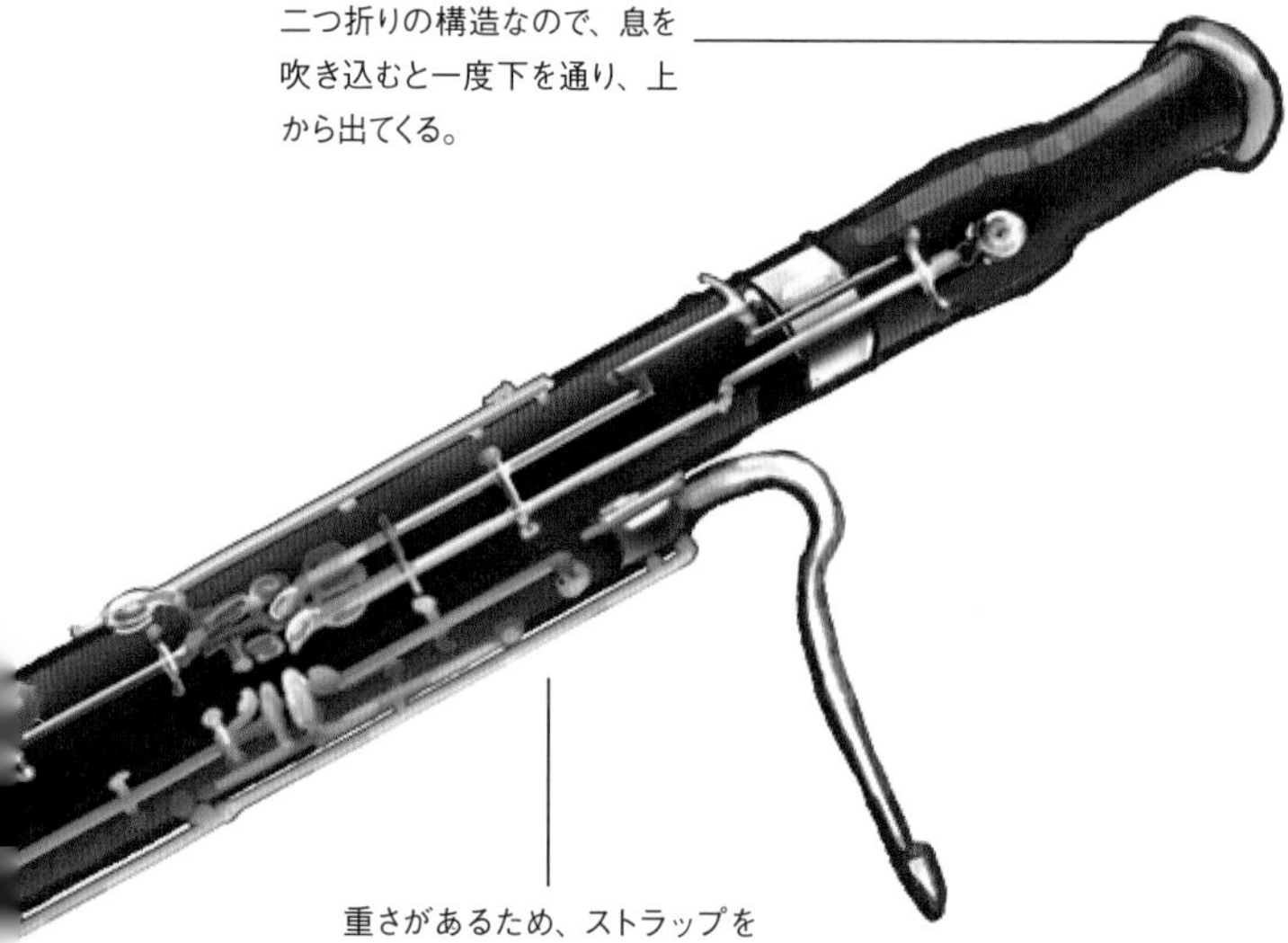
ベル
二つ折りの構造なので、息を吹き込むと一度下を通り、上から出てくる。
重さがあるため、ストラップを使って首にかけるのが普通。

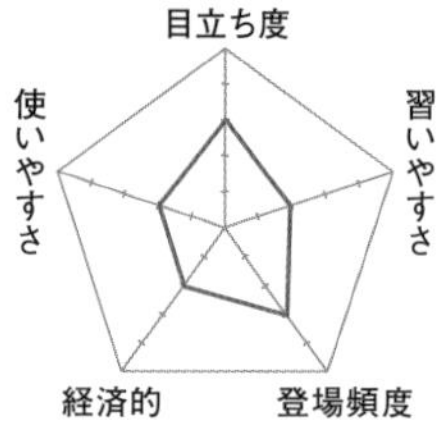
目立ち度
習いやすさ
登場頻度
経済的
使いやすさ

■ファゴット

長さ：約140㎝
重さ：約500g
使用曲：モーツァルト『ファゴット協奏曲』ほか

オーボエと同じダブルリード楽器で、構造上2つに折り曲げられているものの、伸ばすと全長2・6メートルにも達する。

名前は、イタリア語で「束」の意味。英語読みしてバスーンとも呼ばれる。ちなみに英語圏でファゴットというと同性愛者を指すこともあるそうで、だから奏者になっても外国では「私はファゴットです」などとは言わないほうがいいかもしれない。

16世紀の中頃には登場。18世紀以降はほとんどの管弦楽曲で用いられてきた。特にバロック時代は、重要な通奏低音楽器だった。音域は低音ながら、音色に重圧感がなく、逆にほのぼのとした味わいがある。なお、ベートーヴェンが交響曲で導入したコントラファゴットは、通常のファゴットのさらに倍の長さの管を持ち、音域が1オクターヴ低い。

その他のおもな管楽器

■リコーダー

小学校で使っていた楽器はプラスチックだが、本来は木製の楽器。構造がシンプルで、息を吹き込むだけで音は出るが、息の強さや気温によってピッチが変動し、フルートより補正が難しいので、高い技術が必要となる。20世紀の古楽の復興で、再び注目され、過去の奏法が研究された。大きく分けて、ソプラノ系とアルト系（大きい）がある。

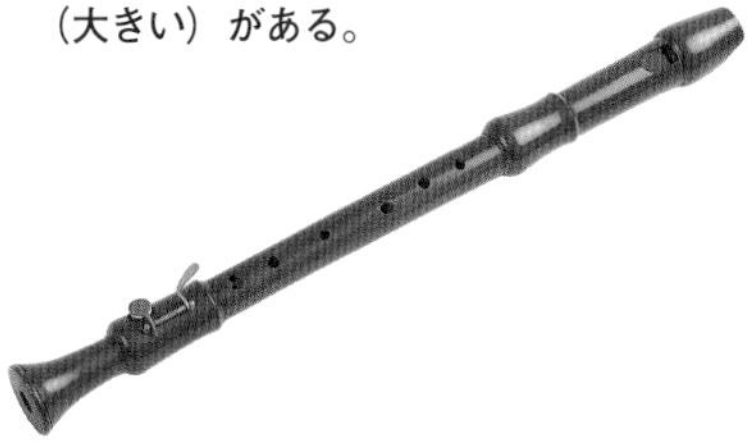

■サクソフォーン

ベルギーの楽器製作者アドルフ・サックスが発明した楽器。金管楽器と木管楽器の音色面での橋渡し役のために作られた。中音域を担当。ただし登場したのが1855年と比較的新しいこともあり、クラシック音楽ではあまり出番がない。

ファゴットの音を
聴いてみよう！

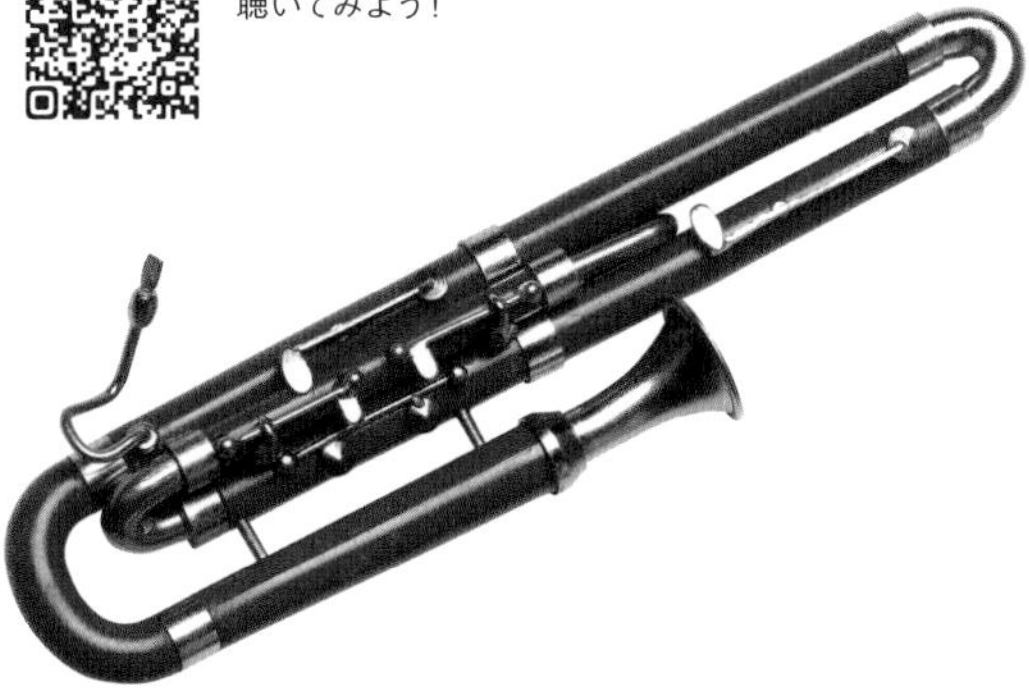

■コントラファゴット

現代使われている形（長さ約140㎝）。ベートーヴェンの時代のものは、もっと長大な楽器だった。

監修・宮本が見た
ファゴット奏者の傾向！

ダブルリードでオーボエのファミリーといえるが、オーボエに比べて器用な楽器。他の楽器の伴奏も平気でできるし、自分が歌って輝くこともできる。だから奏者にも柔軟性のある人が多い。オーボエ奏者の場合だと、心のどこかで「伴奏は不得手だし、できればやりたくないなぁ」などと思ってしまうものなのだ。

弦楽器

最古参の兄と弟 ヴァイオリン ヴィオラ

弓
長さ：73〜75㎝
重さ：500g
馬のしっぽの毛が使われる。奏者がどのように持つかでも音色に大きな差が生まれる。

■ヴァイオリン
長さ：約60㎝（胴長約35.5㎝）
重さ：約600g
使用曲：パガニーニ『カンタービレ』ほか

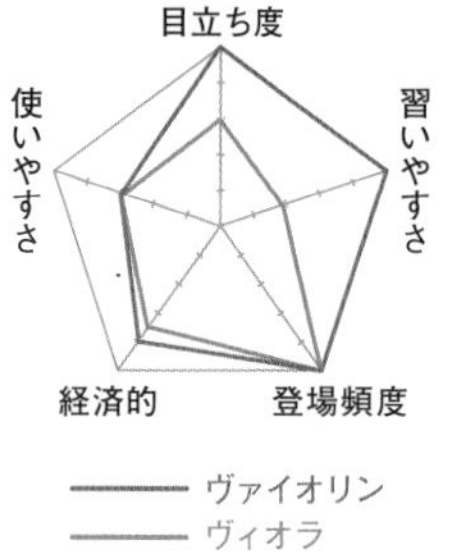

16世紀に誕生。直後にはもう完成されていた楽器。古典派から現代に至るまで特に重要な改良もなく、ホール（演奏会場）の拡大にも適応している。古くてもいまだ現役、それどころか最高の名器とさえいわれている「ストラディバリウス」も17〜18世紀にイタリアで作られたものだ。

オーケストラのヴァイオリンは、第1ヴァイオリンと第2ヴァイオリンに分かれる。**第1ヴァイオリン**は、オーケストラの楽器の中で最も旋律を奏でることが多く、いわばオーケストラの顔。人数も16人と、オーケストラの中で最も多い。**第2ヴァイオリン**は、ハーモニーをつけるなど内声部を担当。4本の弦はG（ソ）、D（レ）、A（ラ）、E（ミ）に調弦する。

ヴィオラは、ヴァイオリンよりやや大きめ。ヴァイオリンの先祖だと思っている人

ヴァイオリンの音を
聴いてみよう！

ストラディバリウスとは

1680年、イタリアのクレモナに工房を設立。息子二人とともに1100挺余りの弦楽器を作ったとされるのが、楽器職人アントニオ・ストラディバリ。彼らが製作した楽器を「ストラディバリウス」と呼ぶ。ヴァイオリン、ヴィオラのほか、チェロ、マンドリン、ギターなど約600挺が現存。アントニオの死後、その製法は失われてしまったという。

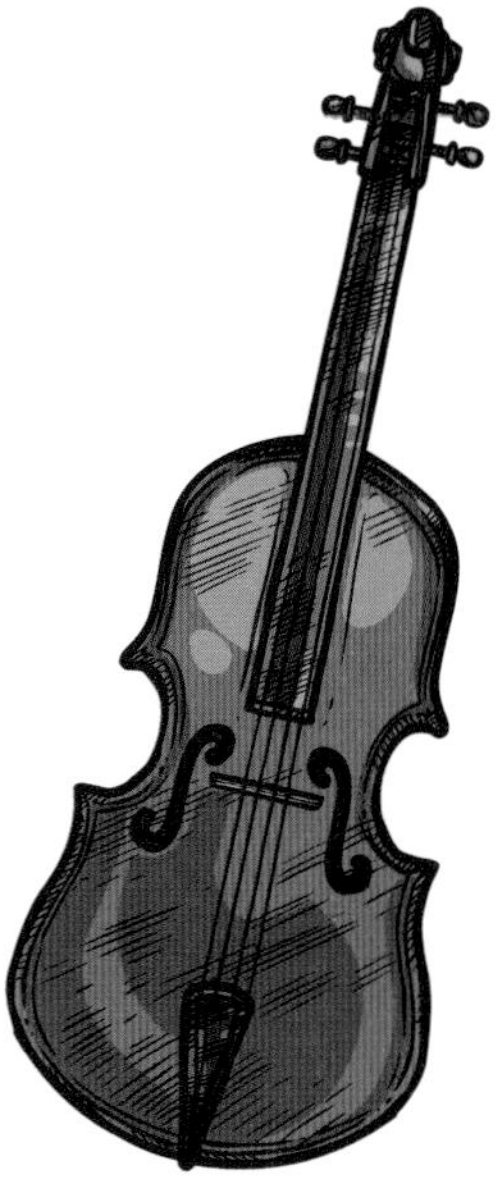

■ヴィオラ

長さ：約63〜70cm
（胴長約38〜43cm）
重さ：約600g

弦

押さえる指の位置を変えることで、同じ音を異なる弦で出すこともできる。太いほう（左）からG、D、A、E線。

f字孔

ただのデザインではなく、板が割れてしまうのを防ぐ役目がある。

あご当て

取り外し可能。自分の顔や構え方に合わせて特注する奏者もいる。

監修・宮本が見たヴァイオリン奏者の傾向！

まず天才的な奏者の場合、生き方を含め豪傑というか、見方によっては、ややズボラな性格の人が多いように思う。
一方、努力を重ねて頑張っている奏者は、一生懸命やり続けているからだろうか、ちょっと気難しい傾向も。

監修・宮本が見たヴィオラ奏者の傾向！

世界のヴィオラ弾きは、なぜか自分たちのことを“やや特異な存在”と位置づけ、「ヴィオラ弾きは“楽器は左手・弓は右手”と忘れないようにメモしている」など、自虐ネタを言いあい、ゲラゲラ笑っている、とても気のいい連中なのだ。

もいるが、同時代に誕生している。ヴァイオリンより低音域が拡大されており、オーケストラでは第2ヴァイオリンとともに内声部を担当。曲にハーモニーを添える。室内楽でも、アンサンブルを内側から支える要として、なくてはならない存在。

弦楽器

実は血統違い？ チェロ コントラバス

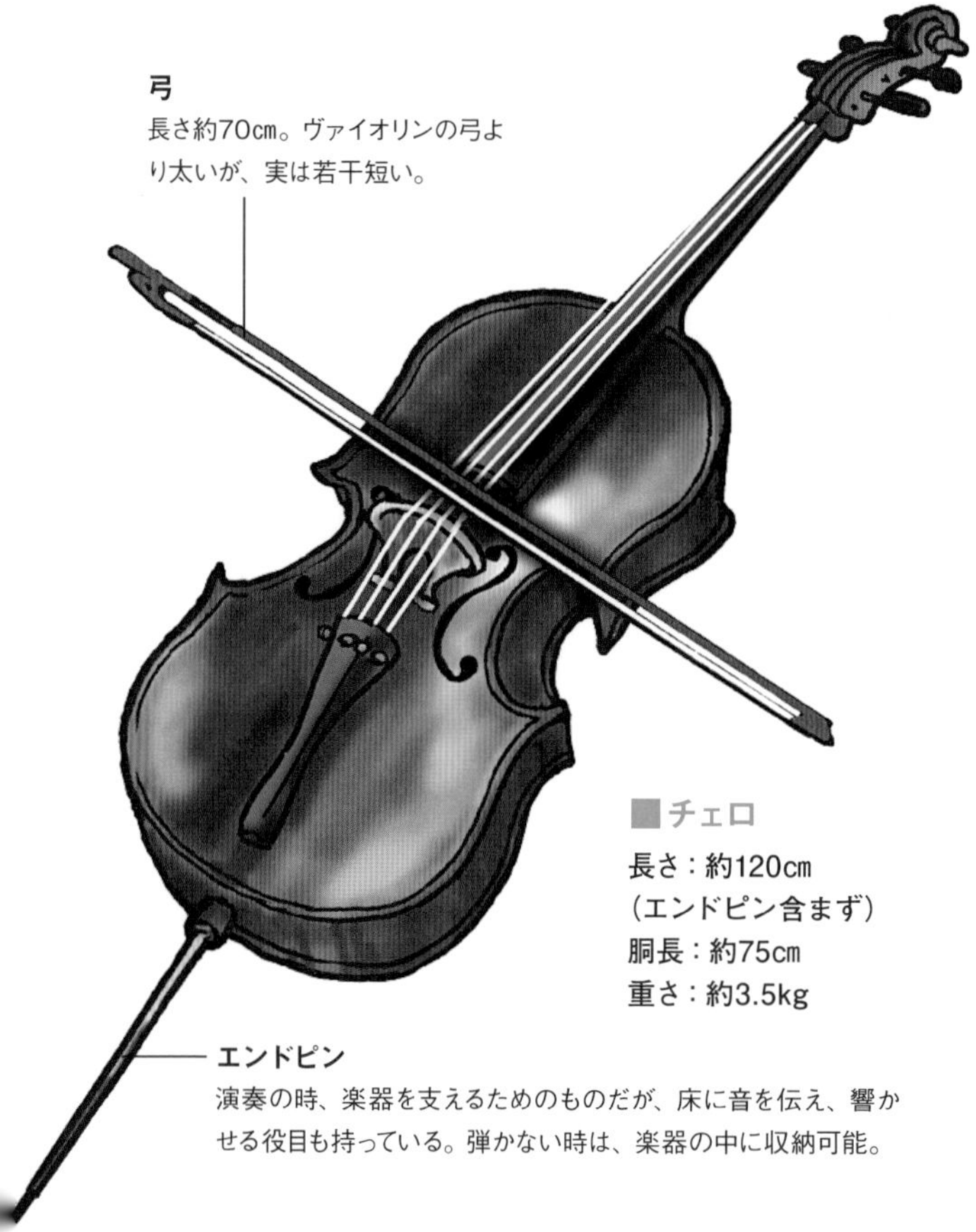

弓
長さ約70cm。ヴァイオリンの弓より太いが、実は若干短い。
■チェロ
長さ：約120cm
（エンドピン含まず）
胴長：約75cm
重さ：約3.5kg
エンドピン
演奏の時、楽器を支えるためのものだが、床に音を伝え、響かせる役目も持っている。弾かない時は、楽器の中に収納可能。

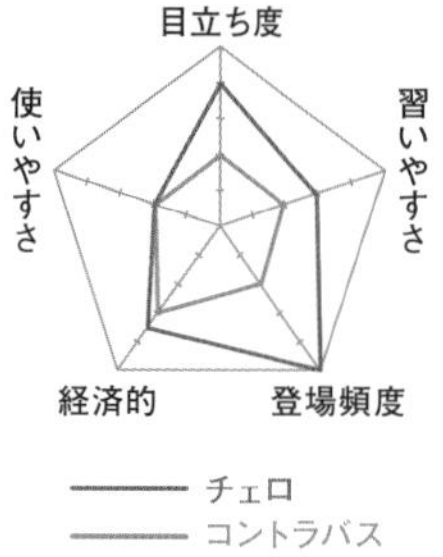

目立ち度
習いやすさ
登場頻度
経済的
使いやすさ
チェロ
コントラバス

チェロは、ヴァイオリン、ヴィオラの後に生まれた楽器と考えられ、初期には3～5弦の物も少なくなかった。演奏の特徴として左手の親指が使えることから、重音や和音演奏における能力がヴァイオリンより高く、しばらくは伴奏楽器としてのみ使われていた。その後17世紀から18世紀にかけて、独奏楽器として確立。温かく、包容力のある低音でオーケストラを支える。弦楽器の中では、第1ヴァイオリンの次に旋律が回ってくる楽器で、音域も広い。

一方、コントラバスのほうは、チェロの兄貴分のように見えて、実は血統が異なる。ヴァイオリン、ヴィオラ、チェロがヴァイオリン属なのに対し、コントラバスは16世紀頃、ヴィオール属のヴィオローネという楽器から発達した。ヴァイオリン属に比べて、胴がなで肩なのは、その名残とい

クラシックよりジャズのほうがさかんだが、指で弦を弾くピチカート奏法もある。

コントラバスのエンドピンは、20㎝ほど伸ばせる。

弦楽器の大きさ比べ

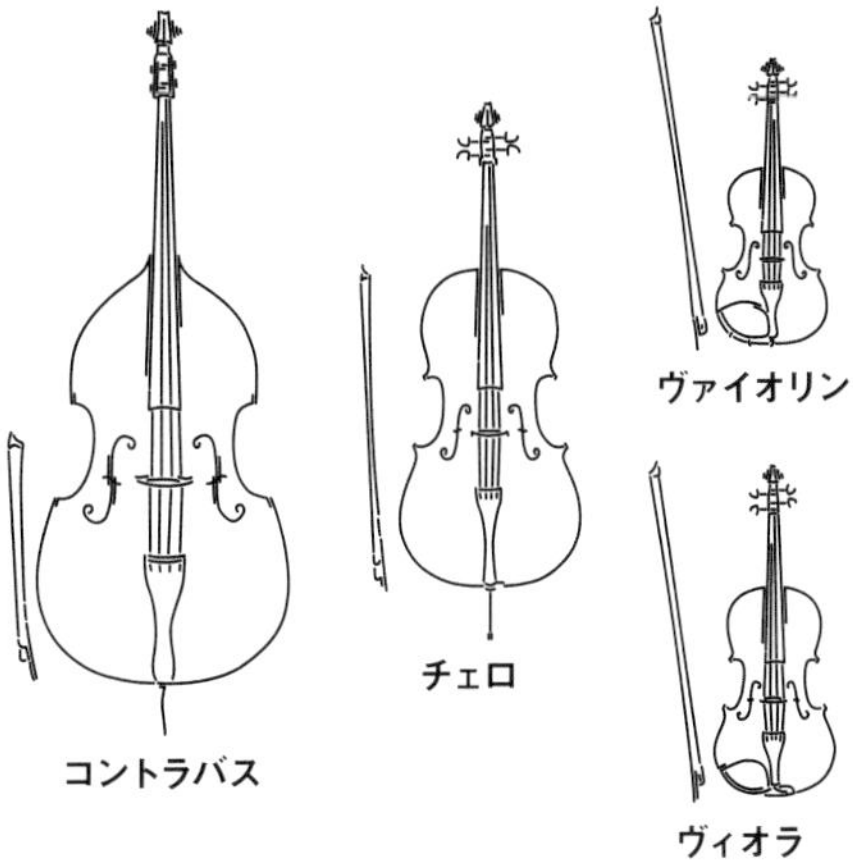

■コントラバス

長さ：約180〜200㎝（エンドピン含まず）
胴長：約105〜120㎝　重さ：約10kg

われている。

独奏楽曲は少ないが、オーケストラの最低音部としてアンサンブルを支える。まさに土台(ベース)となる重要な楽器。コントラバスに独立した動きを与えるようになったのは、ベートーヴェンあたりから。古典派の作品では、チェロと一組になって低弦楽器としての役割が主だった。

監修・宮本が見た チェロ、コントラバス奏者の傾向!

常にオーケストラ全体を見渡している、とても優れた奏者が多い。そして力持ちが多いので、引っ越しの時、よく手伝ってもらう（笑）。ちなみに『セロ（チェロ）弾きのゴーシュ』を書いた宮沢賢治も、チェロを練習していた時代があるが、農民楽団を作る目的だったらしい。

打楽器

打てば響く！ティンパニほか
パーカッション

4～5台を1組として使う。日本とアメリカでは、奏者から見て左側が低音。右へ行くにつれ高音になっていく。ヨーロッパでは逆が多い。

ペダル
踏むと皮が張り、音が高くなる。音程を調整できる点が、他の太鼓類と大きく違うところ。ハンドル式のものもある。

■ティンパニ
直径：約50～80㎝
使用曲：シュトラウス『ツァラトゥストラはかく語りき』ほか

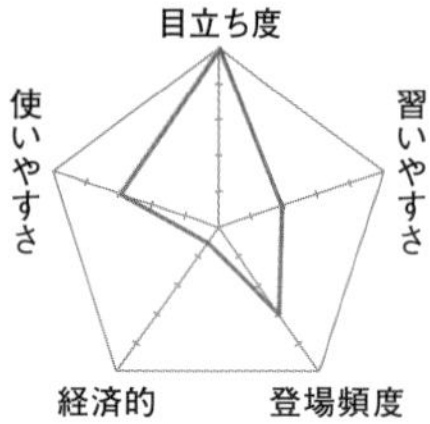

目立ち度
習いやすさ
登場頻度
経済的
使いやすさ

ティンパニ

パーカッションとは、このティンパニを含め、打楽器全般を指す言葉。

ティンパニは、交響曲、オペラを問わず、欠かすことができない楽器の一つである。コントラバスと並び、実はオーケストラの要で、この2つの楽器がしっかりしていないと、全体でもいい音は出せない。

ティンパニが、オーケストラで定位置を占めるようになったのはバロック期、ヘンデルの時代から。もとは15世紀頃にイスラム圏から移入され、軍隊の馬上で使われていたという。演奏者には技術以上に、真の「音楽の理解者」であること、全体のタイミングを計ることができ、間合いを理解しているかが求められ、オーケストラの中でも独立したポストを持つことが多い。他の打楽器とは区別して考えられている。

クラシックオーケストラで活躍する打楽器はそれほど多くない。古典派の時代まで

膜鳴楽器

■スネアドラム
直径：約37㎝
（別サイズあり）

■コンサートバスドラム
直径：約80～90㎝
（別サイズあり）

■コンガ
高さ：約50～90㎝
キューバ出身

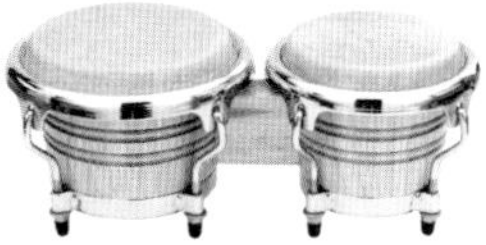

■ボンゴ
直径：約18～21㎝
（左右つながっている）
キューバ出身

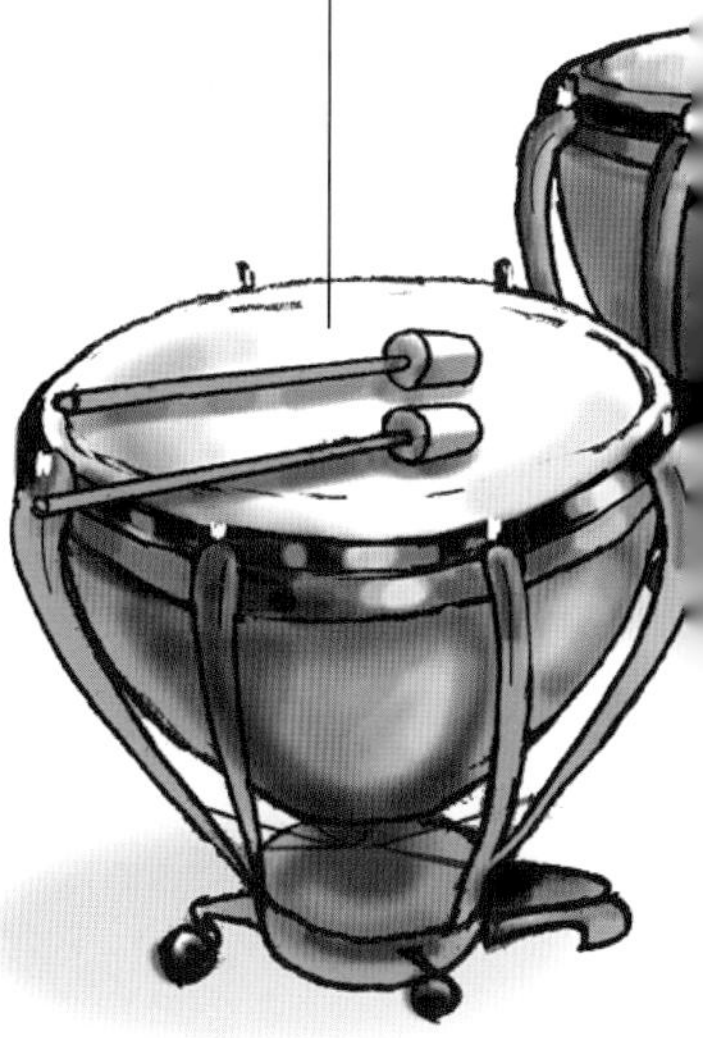

は、楽器の序列という伝統が残っていて、宮廷・教会での音楽にはティンパニ以外、あまり使われなかった。頻繁に使われるようになるのは、ロマン派になってから。

なお、打楽器には胴に張られた皮膜を叩いて振動させる**膜鳴《まくめい》楽器**（太鼓）と、叩いたそのものが音を出す**体鳴《たいめい》楽器**（次ページ）がある。ティンパニ以外は、他の奏者により、かけもちで担当されることが多い。

監修・宮本が見た パーカッション奏者の傾向！

ティンパニ、トライアングル含め打楽器の奏者には、なぜか鼻の利くグルメが多い。リーズナブルで美味しいお店を、外国のどこの町へ行った時も、すぐに見つけているのだ。情報通なのか？ 直感力が強いのか？ 単に酒好きでアテに目ざといだけか？

木琴、トライアングルなど叩いたそのものが音を出す打楽器(つまり太鼓以外)が**体鳴《たいめい》楽器**である。打楽器のミスは、実は全体の大ケガにつながりかねず、注意が必要。

体鳴楽器

■トライアングル

音律不定の体鳴楽器。鋼鉄の棒を三角形にし、同じ素材の棒で打つ。鋭く透明に響く音色は多数の倍音を含む。

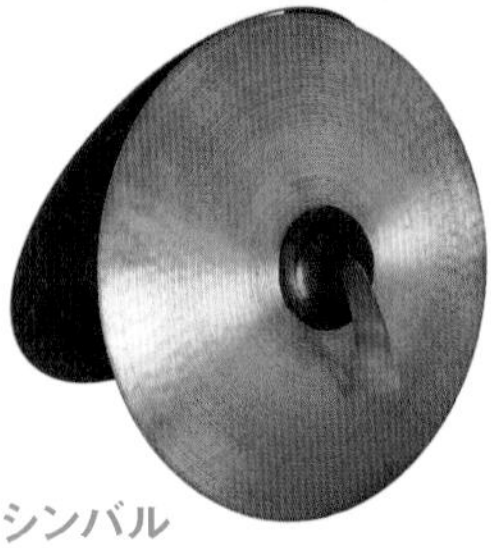

■シンバル

叩いた瞬間より、その直後に大きな響きを出す。基本的には2枚のシンバルをこするように打ち合わせるが、他にもいろいろな奏法があり、強い音から弱い音まで出すこともできる。

鉄琴、木琴のように音板がピアノの鍵盤のように並べられた楽器を鍵盤打楽器とよぶ。

■シロフォン

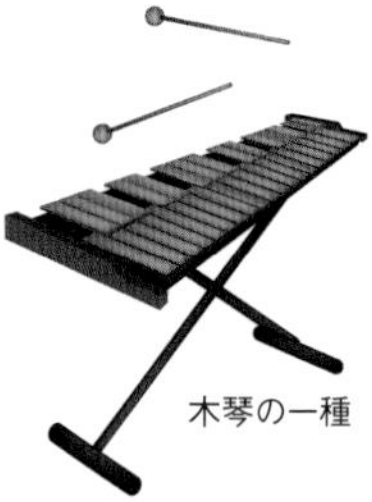

木琴の一種

■ビブラフォン

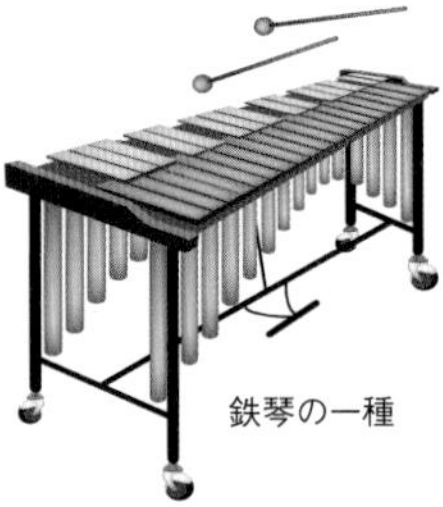

鉄琴の一種

■マリンバ

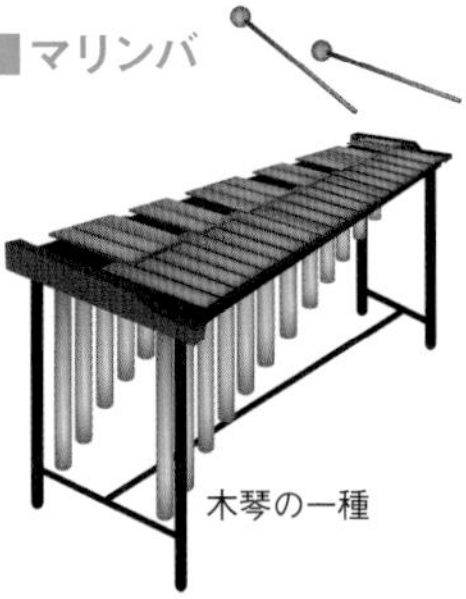

木琴の一種

■グロッケンシュピール

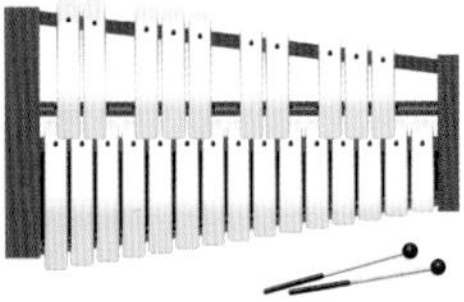

鉄琴の一種

■チェレスタ

フェルト巻きのハンマーにより、共鳴箱付きの金属板を叩いて高音を出すしくみ。鉄琴に似た音だが、それよりも音色がややソフトでニュアンスに富む。形の上では鍵盤楽器といわれるが、音の出し方は打楽器である。

チェレスタの音を
聴いてみよう!

弦楽器

ハープ

女神様の楽器？　狩人の楽器？

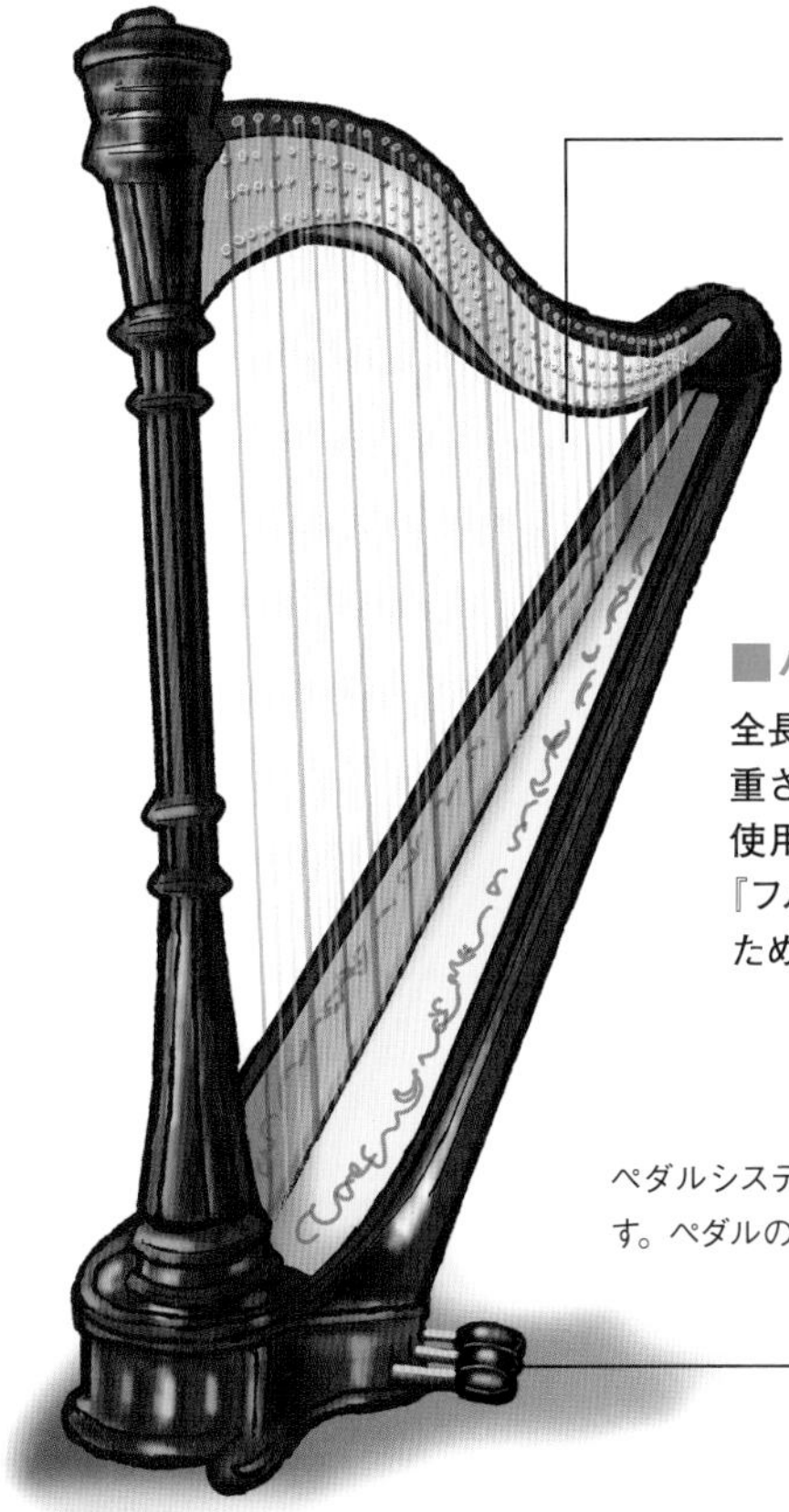

弦の数は47本。変ハ長調の全音階に調弦されている。「ド」の弦は赤、「ファ」は青か黒に着色されている。

■ハープ
全長：約180㎝
重さ：約40～70kg
使用曲：モーツァルト『フルートとハープのための協奏曲』など。

ペダルシステムで半音を出す。ペダルの数は7本。

楽器の中で最も古い歴史を持ち、起源は狩人の弓ではないかと考えられている。楽器用法としては弦楽器に属し、弓をはじいて音を出すことから撥弦《はつげん》楽器に分類される。ベルリオーズが『幻想交響曲』で用いて以来、多くの音楽で用いられるように。波のように音を奏でるグリッサンドに独特の効果を持ち、ロマンあふれる音色が魅力。

監修・宮本が見たハープ奏者の傾向！

ハープは演奏中、独りで完結する場面と、他の楽器と合わせて音を出す場面、ギャップの激しい両方をこなさなければならないため、人付き合いの上手な奏者が多い。バレリーナ同様、実は指揮者と結婚する確率が高い。

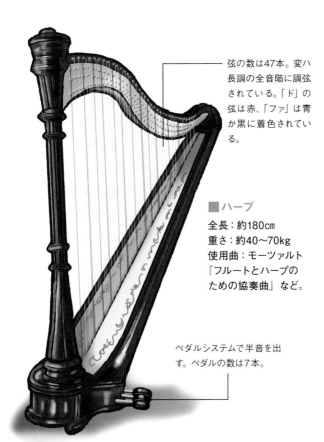

打楽器

ピアノ

音楽界の大器晩成！楽器の王様

■ピアノ
幅：約1.6m
奥行：約2.5～3m
重量：約500～700kg
※奥行きと重量は、コンサートグランドピアノサイズの場合。

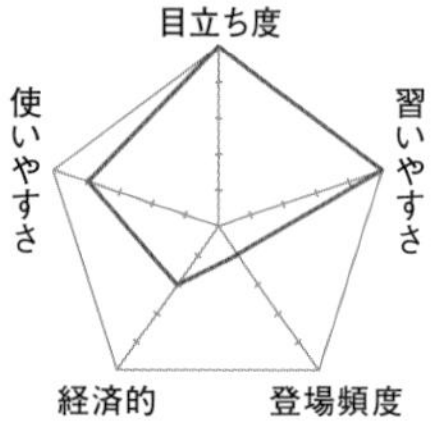

ピアノは、形としては鍵盤楽器だが、張られた弦で音を出すため弦楽器でもあり、また弦を叩いて音を出すため、打楽器でもある。

初心者でも決められた場所（鍵盤）を押せば、希望の音程がすぐに出るピアノ。だが奥は深く、一筋縄ではいかない。まずピアノは自分の楽器を持ち歩けない。演奏の本番前は、会場に常備されている数種類のピアノの試し弾きをして、相性の合う楽器を探すことから始める場合がある。

また同じ楽器でも演奏者で音色は異なる。これは鍵盤を押さえる時の微妙な指の当て方（タッチ）の違いによる。また複数音を同時に出せるため、全体として美しく響くよう、各音の音量バランスに気を配ることも大切。指の筋肉には、速い曲を弾く瞬発力と同時に、優雅な曲を奏でる柔軟性も求められるのだ。

ピアノの進化

■クラヴィコード

金属片で弦をつつき、音を出す。発明は14世紀頃。16〜18世紀にかけて広く使われた。ハイドンが所有していたものも現存する。

■チェンバロ

15〜18世紀に活躍。鳥の羽軸などで弦を弾いて音を出す。音の強弱はつけられなかった。

■ピアノフォルテ

1700年頃、現在のピアノの基本となるピアノフォルテが考案され、18世紀後半に普及。弦を叩く仕組みで音の強弱もつけられる。

■1871年頃のピアノフォルテ

ベートーヴェンも開発に助言。産業革命による工業技術の発達もあり、ピアノフォルテは急速に進化した。エラール社のピアノフォルテはリストのお気に入りとなる。

交差弦システム

スタンウェイ&サンズが開発。低音域と中音域の弦を立体交差させ、全体のサイズの縮小化に成功。和音の響きもよく混ざることになった。

鍵盤

現在の鍵盤数は88。1つの鍵盤に対し1〜3本のピアノ線が張られており、総数は約230本。合計20トンもの張力を支えるため、ピアノ本体は鉄骨で作られている。

向かって右側が音の響きを伸ばすラウトペダル。左が響きを弱めるソフトペダル。真ん中のペダルは（グランドピアノの場合）、ペダルを踏む直前に出していた音だけ響きを伸ばす働きがある。

監修・宮本が見たピアノ奏者の傾向！

ピアノは独奏楽器といわれているが、やはり練習や訓練なども独奏をイメージして行う奏者が多い。しかしオーケストラに参加するためには、また別のセンスが必要。どんなに高度なテクニックを持った奏者でも、オーケストラの中では力が発揮できない場合もある。

オーケストラ Q&A

出番の少ない楽器は?

もちろん曲によって違うが、出番が少ないことで有名なのは、ドヴォルザーク『新世界より』のシンバル。演奏時間は全体でだいたい45分くらい。シンバルは第4楽章で、たった1発の登場。チャイコフスキーの『悲愴』(約45分)のドラも、第4楽章で一発だけ(奏者は、ほかの打楽器と兼任が多い)。

ドヴォルザークの『新世界より』では、チューバも第2楽章に8小節だけ登場する。実はドヴォルザークがほかの楽章のチューバ部分を書き忘れたのではないかという説も。

マーラーの『大地の歌』では、ティンパニが数小節しか使われない。ところが彼の『交響曲 第3番』では、逆に異例の出番の長さ。奏者にとっては、最初から最後まで叩き続けている印象だという。

ラヴェルの『ボレロ』のコントラバス演奏も少し辛い。華やかな演奏の陰で10分以上にわたり、ドとソの二音のみ、ひたすら繰り返しという苦行のような演奏になる。

出番が多かろうが少なかろうが、実はオーケストラの楽団員のギャラは、基本的には同じ。能力やキャリア、認知度(スター性)などで差がつくことはあるが、楽器による格差はないという。

プロの楽団員の平均年収は、だいたい四~五〇〇万円くらい。個人レッスンなどを行うことで他の収入を得る奏者もいる。

Q&A Q&A Q&A Q&A Q&A Q&A Q&A Q&A Q&A Q&A Q&A

ヴァイオリンの弦が切れたら？

本番中にヴァイオリンの弦が切れてしまった場合、切れた直後から、バケツリレーのように後方の奏者から順送りにヴァイオリンが渡され、最後尾の奏者が舞台袖から予備の楽器を持って来て一件落着。もし予備のヴァイオリンがない場合、最後尾の奏者の出番は終わりで、そっと退場することになる。

楽器は必ず予備があるとは限らないから、演奏中に不具合が起きると、弾いてるふりや吹いてるふりをして乗り切ってしまうことも。お客さんの前でオロオロはしないこと。だからもし、あなたが演奏会でミスしてしまった時も、「あちゃ〜、失敗した」などと顔には出さず、「この音でいいんだよ！」という感じで堂々としていよう。

オーケストラの演奏会に行ってみたいけど

たいていのコンサートのチケットは、チケットぴあなど大手プレイガイドで購入可能。ただ、自分が行きやすい場所のコンサートホールのホームページや、関心のある楽団・演奏者のホームページなども確認してみよう。公演予定やチケット購入ガイドがあるはずだ。

東京音楽大学では、2019年に完成したばかりのTCMホール（代官山）などで、入場無料の演奏会を行なうこともある。無料でも予約は必要なので、これもホームページで要確認。

座席を選べる場合、ごく一般的に音がよいとされるのは、前から15〜20列目くらいのセンター。または2階席センター。もちろん奏者を間近で見たい人は、前方の席でOKである。

もっと楽器のことを知りたい

この本で紹介した以上の情報、紹介した以外の楽器のことを知りたい人は、ヤマハ株式会社のウェブサイト内にある『楽器解体全書』をのぞいてみよう。各楽器の歴史・種類・選び方やメンテナンスについての知識が整理されているほか、代表的な楽器の音を聞いてみることも可能（本書第2章でも楽器音試聴のQRコードを掲載）。

ヤマハの歴史は一八八七年（明治20年）、創業者、山葉《やまは》寅楠《とらくす》による小学校のオルガン修理に始まる。今やリコーダーからグランドピアノ、シンセサイザーなど一〇〇種以上の楽器を生産。各楽器の品質の高さは海外でも広く知られ、世界中のオーケストラで音色を響かせ続けている。

ヤマハ株式会社
『楽器解体全書』
https://www.yamaha.com/ja/musical_instrument_guide/
※2020年1月現在。アドレスは予告なく変更・削除される場合があります。

第3章

シーン別 おすすめクラシック

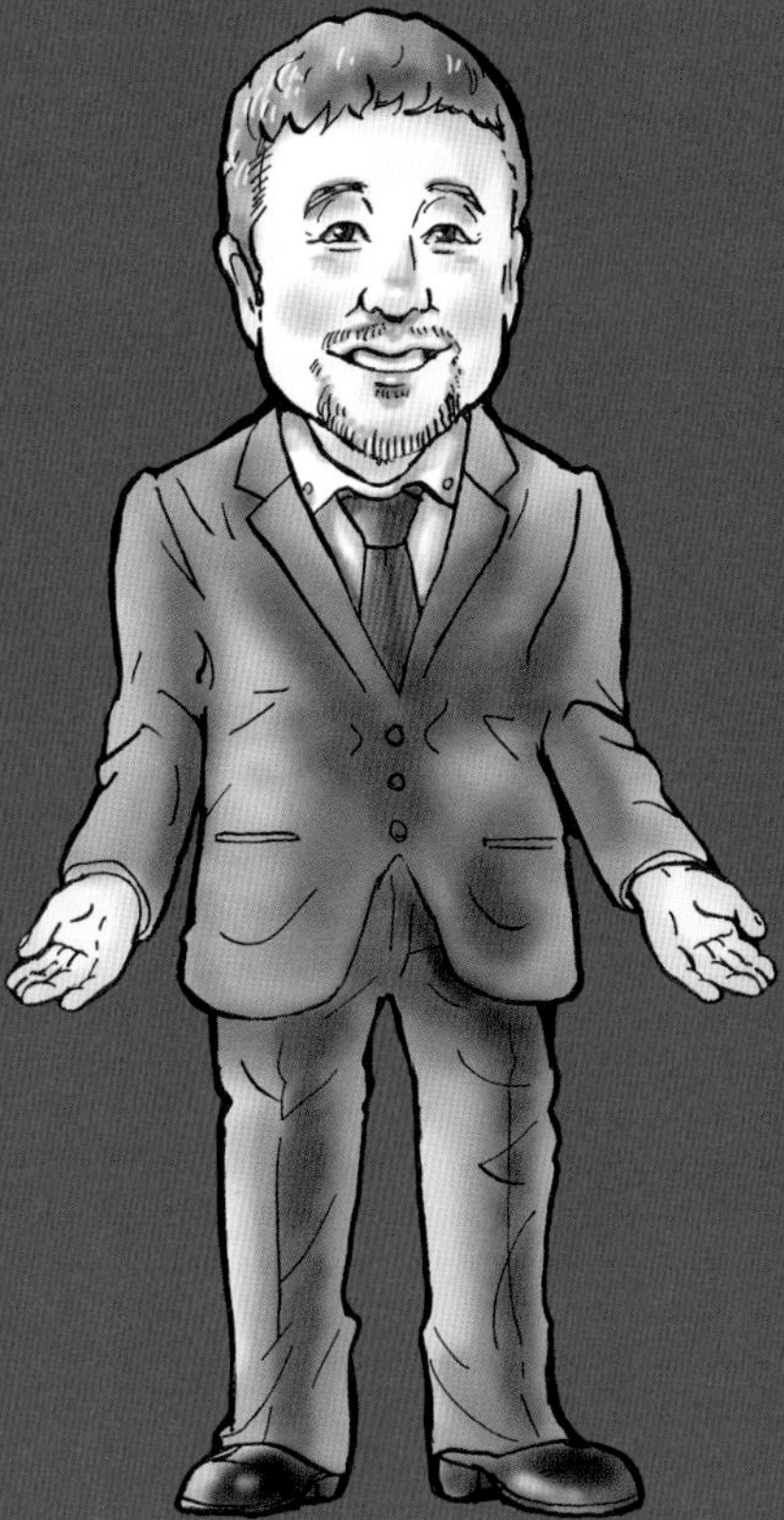

どんな時にどんなクラシック音楽を
聴いたら、ぴったりくるでしょう？
第１章・第２章の監修をした
宮本文昭先生とは
小学生時代から親友だった私が、
「心」の面から
アドバイスしてみたいと思います。

第３章監修／富田 隆（心理学者）

新たな感動をあなたの毎日に

音楽は、聴いている人の心に作用する。悲しい曲を聴けば、しんみりするものだし、ほかにも安らぎ、勇気、喜びなど、音楽はさまざまな感情を呼び覚まし、或いは増幅させてくれる。「音楽は人生を豊かなものにする」――、そんな言葉は決して過言ではないのだ。

では、どんな時にどんな曲を聴いたらいいのか?

それはもちろん、あなたの好きな時に好きな曲を聴けばいい。ポップスでもロックでも、おそらく大抵の人は自分のお気に入りの音楽を持っているのではないか。

だが、どんなに素敵な歌や曲でも、繰り返し聴き続けていると、感動は薄れ、耳は慣れてしまうもの。同じ薬を飲み続けていると、やがて効き目を感じにくくなるように。

だから、たまには普段とは違うジャンルを聴いてみる。それがまた、普段聴いている音楽についても何かを再発見したり、見直したりするきっかけになることもあるのだから。

あなたがロックやヘヴィメタを好きならば、もちろんそれでOK。好きな音楽は、自分の世界を広げる大きな手助けになってくれるはず。

ただ、普段聴いていなかった音楽が、あなたをまた違う世界へ、いざなってくれることもある。

そこでクラシック音楽。

それは時代や人、多くのフィルターを経て、今に残ってきたものである。充分に聴く価値があるものとして。

もちろんあなたも、クラシック音楽に何らかの関心があって、この本を手にしているはず。だから聴いてみることに異存はないだろう。ただクラシック音楽の場合、曲の数は多いし、演奏時間も長大なものがあるので、全部を順番に聴いていていてはきりがない。果たしてどの曲が自分にぴったりくるのか分からない。そう思っている人が多いのではないだろうか。

そこで、どんな時にどんな曲を聴いたら楽しめるか、そしてあなたの役に立ちそうか、シーン別におすすめの曲を紹介してみたいと思う。たくさんの薬の中から、あなたに合うものを選んでくれる医師や薬剤師さんのようなつもりになって。

あなたが今までクラシック音楽をよく知らなかったのであれば尚更、新鮮な感動に満ちた時間がすごせるものと思う。

クラシック音楽の効能

音楽は人の心だけではなく、身体にも作用する。心と身体は、密接なつながりを持っているためだ。緊張が続くと、肩こりがしたり、頭痛が起きたりするのは、その分かりやすい例である。そしてストレスの多い現代人が、とくに気をつけなければならないのが、この〝緊張〟である。

人間の身体の仕組みをつかさどる自律神経には2種類ある。アクションする時に使われる**交感神経**と、休息の時に使われる**副交感神経**。緊張が続くと、この2つの切り替えがうまくできなくなり、機械にたとえれば、常にウォームアップを続けている状態になる。あちこちに無理がかかり、不具合が生じてしまうのだ。

さて、そんな自律神経を整える力がクラシック音楽にあると言われるようになって久しい。具体的にはどういうことか、なるべく簡単に説明してみよう。

◆f分の1ゆらぎとは？

クラシック音楽には「**f分の1ゆらぎ**」の音が含まれたものが多い。f分の1ゆらぎとは、ものすごく簡単に言ってしまえば、微妙な揺れ方のこと。小川のせせらぎの音や、ロウソクの炎などにもその揺らぎは含まれており、人に安らぎを与え、自律神経を整える力があるとされている。クラシックだから必ず含まれるというわけではないが、とくにモーツァルトの曲は多いと言われている。

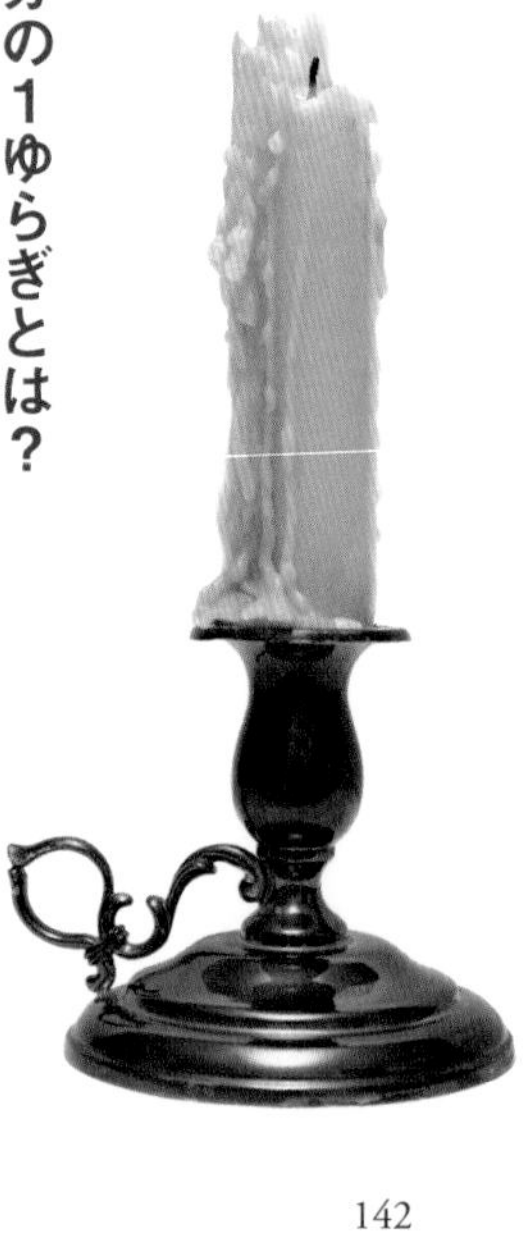

◆倍音とは？

またクラシック音楽には、「**倍音**」が多く含まれることも知られている。倍音とは、基準となる音の整数倍（2倍、3倍……）の周波数を持つ音のこと。そう説明しても、ほとんどの人がまったく分からないと思うが、クラシック音楽は楽器それぞれの倍音を利用して和音を構成するものが多く、結果、ほかのジャンルの曲よりも倍音が多く含まれることに。そしてこの倍音がまた、自律神経を整えるのによいとされているのだ。

◆α波とは？

「**α波**」は、音に含まれているものではない。人間の脳波の一つで、脳がリラックスしている時にのみ発生。そしてクラシック音楽を聴いている時、このα波を出している人が多いことが分かっている。

身 体の調子を、音楽を聴くことや演奏することで整える「**音楽療法**」。その権威で東京藝術大学教授であった故・櫻林仁氏は、モーツァルトの『**メヌエット**』、ショパンの『**マズルカ**』、チャイコフスキー『**白鳥の湖**』、ドヴォルザーク『**ユモレスク**』などを食後と就寝前、重度の便秘患者に聞かせたところ、3日で症状の改善が見られたと発表した。これもまた、クラシック音楽を聴くことで副交感神経が優位となり、胃腸の緊張がほぐれたためと考えられる。胃腸もストレスの影響を受けやすい器官である。

さてストレスがあったのは、なにも現代人だけではない。中世、バロック期、近代とヨーロッパの人々も、隣国との争いや伝染病の流行、農作物の不作など、さまざまな不安を抱えていたことだろう。クラシック音楽は、おそらくそうした人々の緊張をも解きほぐし、癒やしてきたのだ。

◀モーツァルト
ディヴェルティメント
第17番第3楽章
メヌエット

◀ショパン
マズルカ

Scene 1

目覚め〜通勤・通学

何時だと思ってるの！　早く起きなさい！

そんなふうに起こされた経験は、きっと誰にでもあるのではないか。いつまでも寝ているこちらが悪いのだが、せっかくの1日の始まりが、ちょっと台無しの気分である。やはり目覚めは爽やかに、クラシック音楽で行こう。

可能ならば、目覚まし時計の代わりにタイマー再生で。それが難しければ、目覚めたあとに聴くのでもよい。

おすすめは、定番曲ではあるがモーツァルトの『**トルコ行進曲**』。ポイントは、音程が高めのピアノ曲であること。ハツラツ、颯爽《さっそう》としたピアノの音色が、私たちの身体の弦（神経）をも速やかに調律。スッキリ目覚めさせてくれる。

さあ、仕度を整えたら職場へ、あるいは学校へ、出かけなければならない。おそらく、ここら辺で大勢の人が自分自身に気合を入れているはずだ。

▲トルコ行進曲　▲ユモレスク
（QRコードについてはP.9参照）

●演奏時間の目安
トルコ行進曲 —— 約３〜４分
ユモレスク —— 約３〜４分
朝 —— 約４分

「ああ、今日もあのイヤな上司と一緒か」とか「テスト、自信ないなぁ」とか、それぞれが社会生活で抱えたストレスと立ち向かうために。人間、憂鬱な気分の朝だってある。

そういう時には、ドヴォルザークの**『ユモレスク』第7曲**。トルコ行進曲同様、全体に爽やかなメロディのピアノ曲でありながら、後半たびたび〝芯〟を感じさせるメロディに転調する。きっとあなたの強さを目覚めさせてくれるはずだ。

休日など、ゆっくりできる朝には、これまたド定番ではあるけれど、グリーグの**『朝』（組曲『ペール・ギュント』より）**をおすすめする。うっかり昼近くまで寝てしまった時も、この曲を聴くとまるで早起きしたような爽快感に包まれる。不思議な名曲だ。

なお、スッキリ起きされるコツとしてオススメしたいのは、目覚めた瞬間、「ああ、よく寝た」と頭の中で考えることである。そして、できれば朝日を浴びる。体内時計の乱れが光によってリセットされるのだ。

Scene 2

仕事・勉強に集中！

落ち着いてゆったりと仕事をしたい時、あるいは勉強したい時には、どんなクラシック音楽がいいだろうか。

たとえばパッヘルベルの『**カノン ニ長調**』、そしてグリーグの『**ホルベルク組曲**』などは、人の気持ちを落ち着かせる力を持っているのでおすすめである。

心の落ち着きは集中を生み、集中は思考力を、そして暗記力をも向上させる。もちろんお気づきと思うが、音楽を流すと周囲の雑音などが気にならなくなるというメリットもある。

それでは、脳を振り絞り、新しいアイデアを生み出そうと頑張っている人がいたら……

ここはチャイコフスキーの曲、たとえばバレエ組曲『**くるみ割り人形**』をおすすめしたい。彼の作品は、バラエティに富んでいて、曲のペースさえ時折変化を見せる。

脳にとって音とは刺激である。つまりもし無音なら、その刺激

▲カノン
ニ長調

チャイコフスキーの処方箋

落ち込んだ時と高揚した時の差が激しかったといわれるチャイコフスキー。彼の作品もまた、時に華やかに、時に感傷的にと、バラエティ豊かな曲調のものになっている。さまざまなメロディを耳に入れるということは、さまざまな刺激を脳に与えること。イマジネーションの供給源として、ぜひメロディメーカー、チャイコフスキーの曲を。

●演奏時間の目安

カノン ニ長調 —— 約５～６分
ホルベルク組曲 —— 約 20 分
くるみ割り人形 —— 約 22 分
運命 —— 約 30 分

はゼロである。では、もしいろいろなメロディが耳に入ってきたら？　それが脳を刺激してくれるのだ。

◆眠気に勝つための曲

眠いのをこらえて頑張っている人には、もう少し激しい曲がいいかもしれない。それこそベートーヴェンの『運命』などはいかがだろうか。

たとえば自分の部屋で勉強中なら、あの「ダ・ダ・ダ・ダーン」のメロディに合わせて時折、指揮棒を振る動作を真似してみてほしい。キレよく、素早く、ややいかめしい顔をして。〝エアギター〟ならぬ〝エア指揮〟。軽い運動と気合によって、眠気を吹き飛ばす作戦である。ヴェルディの『アイーダ』凱旋行進曲に合わせて、部屋の中を行進するのも効果的だ。

同じ曲ばかりではなく、新しい曲を聴くことも心掛けたい。聴いたことのない音楽は脳への刺激も強く、ドーパミンの放出が期待できる。気分転換、意欲の向上にもってこいなのだ。

モーツァルトの処方箋

「神童」とよばれていたモーツァルト。大人になってからも子どものような純粋さを持ち続け、悪ふざけも大好きだったという。だが、音楽の才能と技術を卓越させながらも、心の中は「少年」だったからこそ、人々の心にすんなり受け入れられる名曲の数々を作ることができたのではないだろうか。どんな大人の心の中にも「童心」は残っている。その童心によびかけ、自由に開放してくれるのが、モーツァルトの曲なのだ。

●演奏時間の目安

ピアノ協奏曲第21番第２楽章
── 約７～８分

◀ピアノ協奏曲第21番第２楽章

Scene 3

心の休憩時間

仕事や勉強がひと段落した時、あるいは少し深刻に、人間関係のストレスにウンザリを感じてしまった時。そんな時は、モーツァルトの『ピアノ協奏曲第21番』第２楽章などを聴きながら休息をとることをおすすめしたい。

優雅な曲調。耳を傾ければ、誰でも自然に深呼吸ができてしまうはずだ。

子どもの頃、周りの大人に「ボクのこと、好き？」と訊くのがくせだったというモーツァルト。純粋な心のまま育った彼は、大人になってからも子どもっぽい振る舞いが多かったという。そして彼の作品は、悩み抜いて作られたものではなく、心のヒラメキにしたがって自由に生み出されたもの。ピュアな心根がそのまま宿っている。

子どもと触れ合うと、疲れが癒やされると感じた経験は？

われわれはモーツァルトの曲を聞くことで、天真爛漫、人なつこい一人の男の子（少年モーツァルト）と触れ合うことができるのだ。

彼の質問には、ぜひ「好きだよ」と答えてあげてほしい。

Scene 4

イライラした時に

どうしようもなくイライラした気分の時には、静かに流れるような曲を聴いてみるのをおすすめしたい。

バッハ『主よ、人の望みの喜びよ』は、イライラをプラスのエネルギーに変えてくれる。ラフマニノフの『ヴォカリーズ』には気持ちを整え、癒やしてくれる力がある。

◆強い怒りを抑える

「イライラ」ではない、もっと強い、確実な「怒り」に心を支配された時。そんな時は自分の〝心の大きさ〟を意識することで乗り切ってほしい。たとえば『わが祖国』第2曲『モルダウ』。

ベートーヴェン同様、人生半ばで聴力を失ったベドジフ・スメタナが、祖国ボヘミアの大河モルダウをテーマに作曲したもの。人類の悠久の歴史を見つめながら、ただ黙々と流れ続ける大河の光景が目に浮かぶ名曲である。そんな情景を思い浮かべてみることもまた、衝動的な怒りを静かなものへと変える要素になったりするのだ。

◀モルダウ

モルダウ川（ヴルタヴァ川）。ボヘミアとは、現在のチェコ西部〜中部地域の歴史的な地名である。

自分がイライラした時だけではなく、たとえば家族や上司が不機嫌そうにしている時も、さりげなく曲を流してみたらいいかもしれない。

◆カタルシスを感じる曲

イライラや鬱憤を吹き飛ばし、カタルシスを味わいたい時。ワーグナーの曲をためしてみてほしい。たとえば『タンホイザー』序曲。演奏時間が約15分とやや長いけれど、そこはスカッとする映画やドラマを鑑賞するような心構えで。モヤモヤした気分が徐々に晴れていく感覚を味わうことができるはずだ。

ワーグナーの処方箋

ゲルマン民族であることに高い誇りを持ち、己を天才と自負していたワーグナー。唯我独尊、自己中心的な彼の精神パワーは、その作品にも宿っている。カタルシス（心の浄化）を味わいたい時、彼の曲を聴けば、きっとあなたの心を別世界、高度な精神世界へ導いてくれることだろう。そして「また頑張ってみよう」、そう思わせてくれるはずだ。

●演奏時間の目安

主よ、人の望みの喜びよ —— 約３〜４分
ヴォカリーズ —— 約６〜７分
モルダウ —— 約13分
タンホイザー序曲 —— 約15〜18分

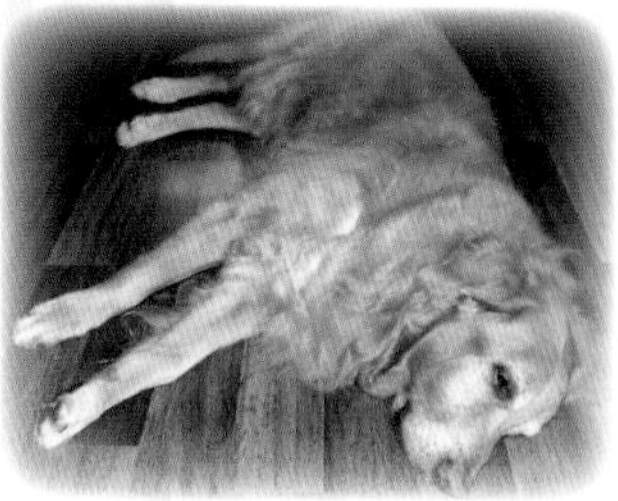

◀ヴァヴィロフ
アヴェ・マリア

Scene 5

悲しみと寂しさ

人が悲しんでいる時、励ましてあげたいと思うのが人情。だがこれは、心理学的には逆効果の場合が多い。たとえば鬱《うつ》病の人を励ましたり、元気づけたりすると、かえって症状を悪化させ、自殺に追い込んでしまうことさえある。悲しんでいる人に必要なのは、「応援団」ではない。一緒に嘆き悲しんでくれる「共感者」なのだ。だから自分が悲しい時も、悲しい曲を選ぶのが正解である。

おすすめはチャイコフスキー『**悲愴**』、『**アンダンテ・カンタービレ**』。タレガ『**アルハンブラの思い出**』やヴォーン・ウィリアムズ『**グリーンスリーブスによる幻想曲**』も泣ける曲である。『**カッチーニのアヴェ・マリア**』(ヴァヴィロフ作曲)も悲しい祈りを捧げる名曲。

涙の大雨は、時間がかかったとしても、いつか必ず晴れる。むしろ時には、どん底まで悲しみ、思い切り雨を降らすことも必要なのだ。

◆寂しさを感じた時

「私は理解されていない」

そんな寂しさや孤独を感じた時は、たとえばモンティの『チャールダッシュ』。また、ベートーヴェンの『田園』なども孤独を慰め、癒やしてくれるはずだ。

だが、ここでもあえて逆療法的な音楽を紹介するならば、ドビュッシーの曲。たとえば『雪の上の足跡』だ。

この曲の雰囲気は、にぎやかでも楽しいものでもない。かといってストレートに悲しみを表現し、共感を求めるものでもない。「どういうふうに聴こうが、何を想像しようが、ご自由に」。印象派ドビュッシーの作品にはそういうものが多い。

言い換えれば、個性的・独創的な想像世界を広げていくのに、彼の曲は適している。孤独であることは自分なりの世界を作れるということ。そして自分なりの世界を広げ、深化させればさせるほど、あなたは人類共通の「集合無意識」、つまり孤独の先にある、あらゆる他者との心のつながりにも気づくことができるかもしれない。少し難かしい話かもしれないが、その時、あなたは懐かしさに似た感情とともに、きっと〝孤独の苦しみ〟を忘れているはずだ。

ドビュッシーの処方箋

内面世界を広げていくタイプだった作曲家、ドビュッシー。彼の曲を聴いた人は、それぞれが個別のイメージを広げ、違う夢を見る。
あなたはあなた。そして人間は所詮、孤独な存在。だがその孤独のずっと先には、（普段は意識できないが）他者との意識のつながり、心のつながりがある。思春期の人にもドビュッシーは、ぜひおすすめしたい。

●演奏時間の目安

悲愴 —— 約45分
アルハンブラの思い出 —— 約3～5分
チャールダッシュ —— 約4～5分
雪の上の足跡 —— 約4分

◀雪の上の足跡

◀チャールダッシュ

Scene 6

思いを伝える時

ずっと、君が好きだった――

そんな告白をする時に、ぴったりのBGMを探したい。あるいは告白する決意をかためるため、自分の気持ちを見つめ直したい。そんな時におすすめしたいのは、〝ピアノの詩人〟ショパンの作品だ。

たとえば『ピアノ協奏曲第1番』2楽章〈ロマンス〉。ストリングスの流れるような音色は愛の深さを、ピアノの音は真摯な心根を表しているようで、曲調は時に盛り上がる。

もし仕事の都合や卒業などで、二度と会えないかもしれない相手に、最後の告白をするなら、『ノクターン 第20番 嬰《えい》ハ短調〈遺作〉』はいかがだろう。ショパン以外から選ぶなら、『アルビノーニのアダージョ』(レモ・ジャゾット作曲)。どちらの曲も切々と胸に訴えるものがあり、真剣な愛の告白には似合っている。

逆に、もし明るい感じで、さりげなく告白をしたいのなら、サティの『ジュ・トゥ・ヴ(あなたが欲しい)』をおすすめしよう。

相手に告白する時――、

「もし自分の気持ちを受け止めてもらえなかったら、どうしよう……」

そんな不安な気持ちになるものだ。恋愛感情は大抵の人にとって大切な心の拠り所である。だから、あまり無責任に「当たって砕けろ」などとはいえない。

だがあなたが不安であるなら、それはあなたが本気である証拠ともいえるだろう。「好きだ」と言う資格が、あなたにはあるのかもしれない。

ショパンの処方箋

39歳で早逝したショパン。生涯独身だったが、婚約していた時期がある。有名なジョルジュ・サンドとの交際もやがては破局。また、熱心な愛国主義者だったが、祖国ポーランドを支配していたロシアからは亡命者と見なされ、帰国ができなかった……。手の届かないものを追い続けたショパン。彼の情熱的なピアノ曲は今、片思いを続けている人にぴったり合うといえる。

●演奏時間の目安

ピアノ協奏曲第１番 第２楽章 —— 約 10 分
ノクターン 第 20 番 嬰ハ短調 —— 約４～５分
アルビノーニのアダージョ —— 約６～８分
ジュ・トゥ・ヴ —— 約５分

◀ノクターン 第20番
嬰ハ短調

Scene 7

料理・家事がすすむ曲

目指せ3分！　料理はできれば手早く、そして楽しく済ませてしまいたい。

そんな時はテンポがあって、ちょっとコミカルな曲がいいのではないか。おすすめの作曲家はルロイ・アンダーソン。たとえば『シンコペーテッド・クロック』だ。『タイプライター』や『そりすべり』などを合わせてもいいだろう。

あるいは少しクセが強いけれど、ブラームス『ハンガリー舞曲』第5番なんかはどうだろう。

喜劇王チャップリンの『独裁者』という映画を観たことがあるだろうか。彼が扮する理髪店の亭主が、この『ハンガリー舞曲』に合わせてお客さんの髭を剃るシーンがあるのだが、大笑い間違いなし。機会があれば、ぜひ見てみてほしい（「Chaplin Barber」などの言葉で検索をかければインターネットで見つけられる可能性も）。

◀シンコペーテッド・クロック

●演奏時間の目安

シンコペーテッド・クロック —— 約２分 30 秒
タイプライター —— 約２分
そりすべり —— 約３分
ハンガリー舞曲 第５番 —— 約３分
花のワルツ —— 約６～７分

人は音楽が聞こえていると、つい行動のテンポもそれに合わせてしまう。昔、よくパチンコ屋さんが通りまで聞こえる大音量で『軍艦マーチ』を流していた。お客さんにジャンジャン玉を打ってもらうためだったが、前を通りがかっただけの人も、自然に歩調をマーチに合わせてしまっていた。

◆お掃除が楽しく

お部屋のお掃除の時には、チャイコフスキーの『花のワルツ』なんかはいかがだろうか。きっと部屋がきれいになっていく様子が楽しく感じられるはずだ。

「うちは掃除機の音がうるさくて、音楽なんかをかけても聞こえない」という人もいるかもしれないが、曲を覚えて頭の中で奏でるのでもいいのだ。或いは、もちろん鼻唄でも。無心になれて、かえって単純作業がはかどるかもしれない。

Scene 8

食事を彩る音楽

ディナーなら、ウインナワルツがおすすめ。ヨハン・シュトラウス2世の『**美しく青きドナウ**』などの名曲を並べ、ベルエポックを思わせる優雅な夕食の時間を演出してほしい。

もうちょっと静かに、かつ上品な雰囲気で食事をするなら、バロック音楽。テレマンのそのものズバリ、『**ターフェルムジーク（食卓の音楽）**』や、おなじみヴィヴァルディの『**四季**』、特に『**春**』などがぴったりくるのではないだろうか。

お酒の時間になったら落ち着いた感じで、バッハの『**G線上のアリア**』や『**無伴奏チェロ組曲**』、ガーシュインの『**ラプソディー・イン・ブルー**』などがよいかと。

もちろんここら辺の曲は、自宅でご馳走を楽しむ時だけでなく、何かのパーティで音楽をまかされた時にもいいだろう。

お客様を豪華な気分にすることができるのは、料理だけではない。西洋の王侯貴族もそれを知っていたからこそ、クラシック音楽が宮廷で発達した時代もあったのだ。

●演奏時間の目安

美しく青きドナウ —— 約10分
ターフェルムジーク全曲 —— 約250分
G線上のアリア —— 約4～6分

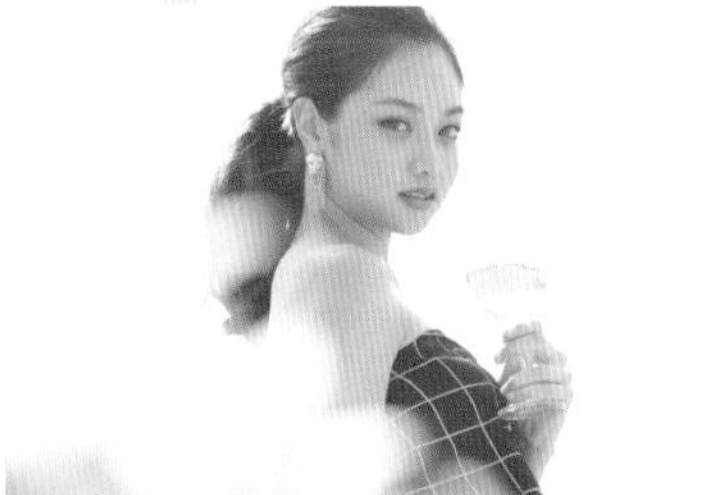

◀闘牛士の歌

●演奏時間の目安

マイスタージンガー 第1幕への前奏曲 —— 約10分
ウィリアム・テル序曲フィナーレ —— 約3分
仮面舞踏会 ワルツ —— 約4分

Scene 9

大勝負する！

勝負に挑む時、闘志や勇気を奮い起こしてくれる曲は？ たとえばワーグナーの『ニュルンベルクのマイスタージンガー』第1幕への前奏曲や『タンホイザー』行進曲などはいかがだろう。ワーグナーの曲には勇猛果敢なものが多く、女性より男性ファンが多いのも特色である。

もっとイケイケ調の応援歌なら、ロッシーニの『ウィリアム・テル序曲』フィナーレ、ビゼー『カルメン』の『闘牛士の歌』がある。戦いの前、頭の中で自分の快進撃をイメージしておく〝イメージ・トレーニング〟にもいいだろう。

もしあなたが大胆不敵な挑戦を考えているなら、ハチャトゥリアンの『仮面舞踏会』ワルツ。浅田真央選手もバンクーバー五輪で使用。3回転ジャンプ3回達成という偉業を成し遂げた。

●演奏時間の目安

悲愴 —— 約20分
弦楽のためのレクイエム —— 約8分
鳥の歌 —— 約1分20秒
アレグロ・ノン・モルト —— 約3分30秒

◀アレグロ・ノン・モルト

Scene 10

深刻な状況

仕事で取り返しのつかない大チョンボが発覚！　どうしていいか分からない。或いは、もうどうしようもない……

そんな時、あなたの頭の中には、まずどんな曲が響き渡るだろう。ベートーヴェンの『運命』？　バッハの『トッカータとフーガ　ニ短調』？　ヴェルディの『怒りの日』？

深刻な事態を「深刻な事態」として、真正面に受け止めなければならない時の曲を考えてみた。

たとえば『運命』と同じく、ベートーヴェンの**『悲愴』**。武満徹の**『弦楽のためのレクイエム』**も、深い悲しみを見つめた曲である。短いものでは、パブロ・カザルスによるカタルーニャ民謡**『鳥の歌』**があげられよう。また、ヴィヴァルディ**『四季』**の**『冬』第1楽章 アレグロ・ノン・モルト**は、切羽詰った状況によく似合う曲である。

月並みな言葉だが、ミスやトラブルのない人生なんて、きっとない。大事なのはそれをどう受け止め、どう乗り切るかだ。

Scene 11

答えを見つけたい時

数独などの難しいパズルに取り組んでみる時、スティーブ・ライヒの『ピアノ・フェイズ』を聴きながら挑戦してみるのはいかが?

実はこの曲、音のパズルになっているのだ。2つのピアノがわずかに時間差のあるメロディを繰り返し奏で続け、やがて1周遅れで元に戻るのだが、それまでにさまざまな変化を辿る(それを知らずに聴くと、理解できないかもしれないが)。

あるいは、ビゼー『カルメン』から、今度は『ハバネラ』が使えるだろう。

もしパズルや二次関数なんかより、もっともっと難しい問題、あなたの人生に関わるようなことを落ち着いて考えたい時。『テレマンのアリア』をおすすめする。バロック期の原曲もいいが、クルト・レーデルによる編曲作品も高名で秀逸。

●演奏時間の目安

ピアノ・フェイズ —— 約15〜20分
ハバネラ —— 約2分30秒
テレマンのアリア —— 約2〜4分

◀テレマンのアリア

◀ピアノ・フェイズ

Scene 12

勝利感を味わう

成功や勝利を手にし、胸を張りたい気分の時、おすすめはバッハの曲。

教会での演奏や作曲の仕事も精力的にこなし、家庭的にもめぐまれていたバッハ。彼が残した作品には、この世や神に対する賛美の気持ちがあふれたものも多い。**『ブランデンブルク協奏曲』第3番**、またはその**第5番**などがいいだろう。

バッハ以外では、エルガーの**『威風堂々』**。そして表彰式などでもおなじみ、ヘンデルの**『見よ、勇者は帰る』**（オラトリオ『マカベウスのユダ』第3幕）も勝利感たっぷりの曲。

我ながらよくやった。たまには自分で自分を褒めてあげたい。――そんな気分の時に。

●演奏時間の目安

威風堂々 ―― 約30分

見よ、勇者は帰る
―― 約3～4分

▲ブランデンブルク
協奏曲第3番

バッハの処方箋

肖像画ではややコワモテだけど、彼の肥満体型は、陽気さと人なつこさのあらわれ。子どもも20人つくったというが、彼はきっと多くの存在を愛し、神に感謝。そして生きることを楽しんでいた。人生を肯定的に生きた彼の曲は、あなた自身の人生を肯定したい時にもおすすめできる。

●演奏時間の目安
ます第４楽章 —— 約８分
白鳥 —— 約４分

◀白鳥

Scene 13

幸せな時に

嬉しいことがあった時、幸せな気持ちを高めたい時は、たとえばいきいきとした曲調のシューベルトの『ます』、優雅な雰囲気のサン＝サーンスの『白鳥』などはいかがだろうか。タイトルから分かるように、どちらも自然の生き物をテーマにした曲だが、生命力や生きる喜びに溢れている。

「人生とは、幸せな時間がまるでコマーシャルのように時折あるだけで、あとは辛いだけ」

そんな言葉を聞いたことがある。かなり悲観的な言葉だけれど、だったらせめてそのコマーシャルソングを聴き返し、存分に楽しもうではないか。あなたの幸福な気持ちを呼び起こし、実感させ、長続きさせてくれる、素敵なコマーシャルソング（音楽）を。

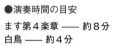

Scene 14

散歩、夕景、夜景を楽しむ

散歩や寄り道をする時、もしスマホなどで音楽を聴くことができるなら、ちょっと変わった体験ができる曲を紹介しよう。

まず自然が残る場所ならば、シューベルトの歌曲『アヴェ・マリア』。この曲を聴きながらだと、あら不思議。どんなにありふれた公園でも野原でも、まるで聖地のようなおごそかな空間へと早変わり。木漏れ日は、あなたの魂を浄化してくれる御神光のように感じられるだろう。

神が実在するという証拠はない。だが音楽というものが、人の心に与えてくれる安らぎや高揚感は確かなものである。そして音楽が人の心に〝神〟を感じさせてくれるのなら、それもまた確かなものと言えるのではないか。心の中の神の存在は、誰にも否定できないのだ。

◀シューベルト アヴェ・マリア

●演奏時間の目安

アヴェ・マリア —— 約5分
シチリアーナ —— 約4分
アランフェス協奏曲 —— 約5～10分
ベルガマスク組曲 —— 約18分

知らない街を歩いてみる時は、チャイコフスキー**『くるみ割り人形』**の中の第3曲**『こんぺい糖の踊り』**を聴きながらだと面白い。どんなにありきたりな街角でも、まるで魔法の国に迷い込んだようなワクワク感を楽しむことができるだろう。

◆夕景・夜景をながめながら

夕焼け空を見つめながらたそがれる時は、ガブリエル・フォーレの**『シチリアーナ』**をおすすめしたい。牧歌的なメロディが素直に心にしみいる名曲だ。穏やかな気分で日が沈むのを眺めていたいなら、ドヴォルザーク**『新世界より』第2楽章〈家路〉**あたりも定番。

もし、もっとハードボイルドな気分で夕陽を見つめたいなら、ホアキン・ロドリーゴの**『アランフェス協奏曲』第2楽章**をおすすめしておく。

ネオンや星のきらめく夜景ならば、ドビュッシーの**『月の光』**を含む**『ベルガマスク組曲』**。またはシューマンのピアノ曲**『子供の情景』**も似合う。

Scene 15

眠くなる眠くなる…

夜、なかなか寝付けない。あるいは束の間、ちょっとお昼寝がしたいと思った時。聴いているうちにウトウト～ッとなってしまう曲のおすすめは、サティの『ジムノペディ』だ。ゆっくりとしたリズムと低音の響きが、あなたの神経をしずめ、快眠モードへと導いてくれるはず。

また、バッハの『ゴルトベルク変奏曲』は、不眠症で悩んでいたカイザーリンク伯爵のために書かれたという話が伝わっている。異説もあるが、こちらもぜひ試してみてほしい。たとえばその中の『アリア』。もちろん全部を聴いてもいいのだが、この変奏曲は30曲から構成されており、約50分もかかる。うっかりすると途中で眠ってしまうのではないか。

同じクラシック音楽から選ぶにしても、高音、アップテンポ、高揚感のある曲などは、もちろんおすすめできない。また歌詞のある音楽、つまり〝歌〟も、フレーズが脳に連想を生んでしまうことがあり、無心になるにはおすすめできない。

◆自律神経と睡眠

人の自律神経には、交感神経（活動している時の神経）と副交感神経（リラックスしている時の神経）の2種類があり、寝る時には副交感神経を優位にする必要がある。

この、いわば神経の回路の切り替えを容易にするため、おすすめしたいのが〝毎日の寝る前の儀式〟を作ることである。たとえば歯をみがき、ベッドの上でしばらく本を読んでから寝る――。これだって立派な〝寝る前の儀式〟となりえる。だが、静かな音楽を聴いてから寝るという以上におすすめできる儀式を見つけることは、なかなか難しい。

子守唄や絵本の読み聞かせをしてくれる母の声、乗っている電車が走るゴトンゴトンという音、授業中の先生の声……。今まであなたを眠りにさそってきたものも、音であったことが多いはずだ。

自律神経の切り替えさえできればいいので、音楽は寝ている間、ずっと流しておく必要はない。

▲ジムノペディ

●演奏時間の目安

ジムノペディ第１番 ―― 約３分

ゴルトベルク変奏曲 アリア ―― 約４分

Scene 16

昔を振り返る

卒業アルバムなどを見て、過去を振り返る時。思い出に浸って昔を懐かしむなら、リストの『**愛の夢**』などがおすすめできよう。ただ、マーラーのことも言っておきたい。

ユダヤ系に生まれ、常に自分を異邦人だと感じていたというマーラー。家庭面でも親兄弟、長女などと次々死別している。妻とも心が通わなくなった。

そんな彼はきっと、失われてしまったものを求め続けていたのだろう。カウベルの音、鈴の音、軍隊ラッパの音……。彼の曲には、彼が子供の頃に聞いたであろう音がそのまま出てくる。おそらく発表時にも賛否両論あったのではないか。だが彼は、自分の主張を曲げることなど大嫌いだった。

孤高に生きた作曲家マーラー。彼は失われたものを胸に、自分が何者なのかを問いかけ続けた。そんな彼の曲をぜひ、あなたの生き方、そしてあなたの存在を振り返る時にも試してみてほしい。たとえば『**交響曲第3番**』**第6楽章**。

マーラーの処方箋

自分が何者か、分からなくなった……。誰もが経験するであろう、そんな“アイデンティティ・クライシス”の時、ぜひマーラーの曲を。孤独を超越した彼は、だが民族・国家という小さな区別を越え、もっとずっと大きな存在に属していることを実感していたようにも思える。言いかえるなら、地球や宇宙のすべてがあなたの存在価値を認めているのだ。

●演奏時間の目安

愛の夢 —— 約5分

マーラー交響曲3番6楽章 —— 約20～30分

●演奏時間の目安

星条旗よ永遠なれ —— 約4分
旧友 —— 約5分
双頭の鷲の旗の下に —— 約3分30秒
水上の音楽 —— 約45分

Scene 17

お客さんを買う気にさせる

店番をつとめる時、店内にどんな曲を流す? 来てくれたお客さんには、できればたくさん買ってほしい!

マーチ風の曲には人の気持ちをイケイケにする魔力がある。たとえば、スーザの**『星条旗よ永遠なれ』**、タイケの**『旧友』**、J・F・ワーグナー**『双頭の鷲の旗の下に』**など。

ちょっと露骨すぎるかなぁ?という場合は、ワルツでパーティ気分にするのも手。たとえばチャイコフスキー**『眠りの森の美女』組曲第5曲 ワルツ**や、ショパンの**『ワルツ曲集』**など。

宮廷のような華やかな雰囲気を演出するならば、ヘンデル**『水上の音楽』**や**『王宮の花火の音楽』**などがよいだろう。

いずれにしろ、お店の中にクラシック音楽を流すのはおすすめ。CM等の影響で、クラシック音楽から「高級なイメージ」を連想する人も多く、聞き流しているだけでリッチな気分になるのだ。ただ逆に、スマホなどで自分が聴きながら買い物をすると、無駄な出費をしてしまう可能性もあるので要注意。

●演奏時間の目安

亡き王女のためのパヴァーヌ —— 約7分
韃靼人の踊り —— 約12分
ボレロ —— 約15分
リベルタンゴ —— 約4～5分

◀リベルタンゴ

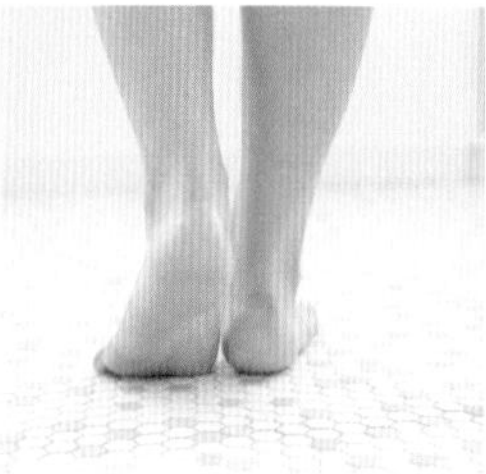

Scene 18

恋人との時

恋人と二人、何となくロマンチックな気分に浸りたい時は、ラヴェル『亡き王女のためのパヴァーヌ』や、ボロディン『韃靼人《だったんじん》の踊り』などがおすすめ。

そして、ここから先は大人の話だが、二人で愛を確かめ合う時。好みはいろいろあると思うが、まず〝幸福感〟を重視するタイプには、ラヴェルの『ボレロ』。淡々としたリズムがラスト、盛大にもりあがっていく。そして、リムスキー・コルサコフの『シェエラザード』。意外に合うのはケテルビーの『ペルシャの市場にて』だ。異国情緒とロマンチックな旋律が、非日常の世界に誘ってくれるだろう。

一方、情熱的なタイプには、もっと〝切なさ〟に満ちた曲、サラサーテの『ツィゴイネルワイゼン』や、リスト『ラ・カンパネラ』などをおすすめしておく。

それからピアソラの『リベルタンゴ』！ 情熱的な上、スピーディ。この曲に合わせて愛しあえたら、とても素敵だ。

Scene 19

禁じられた恋を思う時

好きになってはいけない人への想いを噛みしめる時。

かつて、ある芸能人が「不倫は文化だ」という発言をしたとして、世間のバッシングを浴びた。だが彼は、実際には「不倫は文化だ」などと言っていない。禁じられた恋、しのぶ恋というものが昔からさまざまな芸術作品、歌や演劇などに取り上げられ、文化の一部をつくってきた（だから不倫をそんなに完全否定しないで）という主旨の発言であった。

確かにそれはその通り。昔から多くの芸術作品が「禁断の恋」をテーマにしてきたし、クラシック音楽の中にも存在するのだ。たとえばドビュッシーの『6つの古代碑銘』。

この組曲は『ビリティスの歌』という詩集と姉妹関係にあるのだが、当時禁じられた恋だった女性の同性愛をテーマにしている。詩人サッフォーを追憶する古代ギリシャ風の旋律も美しく、叶わぬ恋の儚《はかな》さと優雅さが歌われた名曲といえよう。

好きになってはいけない人など、いるのだろうか……

●演奏時間の目安

6つの古代碑銘 —— 約15～18分

◀6つの古代碑銘

チャートでズバリ！おすすめ作曲家

あなたに合うのは、どの作曲家の音楽？もちろんいろいろ聴いてみて、好みのタイプを見つけてほしいが、手掛かりとして性格別におすすめの作曲家を紹介しておこう。人の性格は大きく分けて４タイプ！

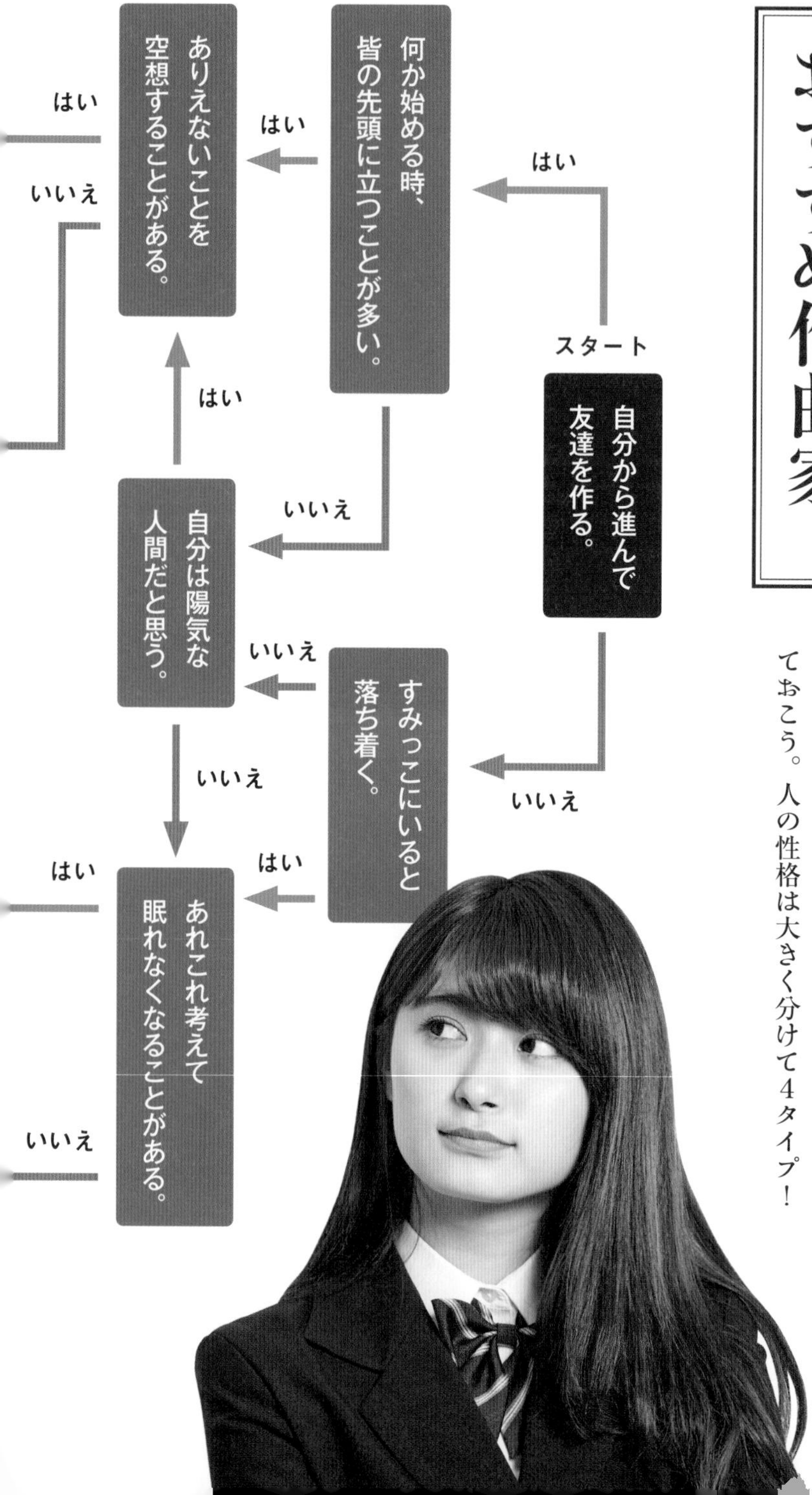

スタート
自分から進んで友達を作る。
はい
いいえ
何か始める時、皆の先頭に立つことが多い。
はい
いいえ
すみっこにいると落ち着く。
いいえ
はい
ありえないことを空想することがある。
はい
いいえ
自分は陽気な人間だと思う。
はい
いいえ
あれこれ考えて眠れなくなることがある。
はい
いいえ

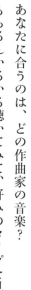

よくムシャクシャした気分になる。

はい → タレントタイプ

いいえ → 何もかも面倒で、疲れ切ったように感じることがある。

何もかも面倒で、疲れ切ったように感じることがある。

はい → タレントタイプ

いいえ → 経営者タイプ

いつも安定した気分でいる。

はい → 経営者タイプ

いいえ → 何もかも面倒で、疲れ切ったように感じることがある。

座っていられないほど、イライラすることがある。

はい → アーティストタイプ

いいえ → 自分がひとりぼっちだと感じることがある。

自分がひとりぼっちだと感じることがある。

はい → アーティストタイプ

いいえ → 研究者タイプ

昔のことをいつまでも後悔する性格ではない。

はい → 研究者タイプ

いいえ → 自分がひとりぼっちだと感じることがある。

タレントタイプ

表現力に優れ、明るく華やかなキャラで人気者のあなたは、職業でいえばタレントタイプ。前向きなエネルギーを感じさせる曲が多い、ヴェルディ、ロッシーニ、ドヴォルザーク、プッチーニ、ヨハン・シュトラウス2世、ルロイ・アンダーソンなどをおすすめしよう。

経営者タイプ

落ち着いた判断力と行動力で、仲間から敬愛されるあなた。人づきあいを楽しみながら成功していったバッハやモーツァルト、チャイコフスキー、ハイドン、リストなどがおすすめ。ブラームス、ワーグナー、ヘンデル、ラフマニノフ、ガーシュウィンなども。

アーティストタイプ

鋭い感性を活かして美を創造する、芸術家肌のあなたには、自分の世界を確立していた作曲家の作品をおすすめしよう。ドビュッシー、パッヘルベル、ショパン、シューベルト、スメタナ、シューマン。ほかにストラヴィンスキー、グリーグ、サン=サーンスなども。

研究者タイプ

地道にコツコツ、物事の本質を探究し、自分の道を究めるあなた。おすすめの作曲家も、やはり求道者的な性格傾向のあったベートーヴェンやマーラー、ヴィヴァルディ、メンデルスゾーン、サティなど。ショスタコーヴィチ、ラヴェル、Rシュトラウスなども。

な

は

ま

や

ら

わ

INDEX

監修 <第1章・第2章>
宮本文昭（みやもと・ふみあき）

音楽家。高校卒業後、ドイツにオーボエで音楽留学し、フランクフルト放送交響楽団、ケルン放送交響楽団、サイトウ・キネン・オーケストラなどの首席オーボエ奏者を歴任。2007年、奏者としての活動に終止符を打ち、その後、指揮活動を始める。2012年4月より東京シティ・フィルハーモニック管弦楽団初代音楽監督に就任したのち、2015年3月、指揮者としての活動を引退。現在は、東京音楽大学特任教授として後進の指導にあたっている。

監修 <第3章>
富田 隆（とみた・たかし）

心理学者。専門の認知心理学の領域のみならず、犯罪事件から恋愛まで、人間の深層心理を独自の視点で分析。TV、雑誌など多くのメディアで活躍している。著書多数。現在、演劇の原案・脚本なども手がけている。音楽家の宮本文昭氏とは小学校時代からの友人で、トークショーなどでも共演している。

執筆：堀内みさ（P12～28、34～96、100～103、108～109、126～129、134～135）
似顔絵イラスト：萩谷尚子（はぎぷー） http://nigaoe.work/
✉ hagihahaha@gmail.com
協力：吉岡志真／ヤマハ株式会社／ナクソス・ジャパン株式会社
写真・イラスト提供：PIXTA ／ Shutterstock

オーケストラ陶人形：ささきようこ
陶人形撮影：佐々木六介
ブックデザイン：スタジオギブ（山本雅一）
本文DTP：株式会社明昌堂
校正：株式会社円水社
編集：鈴木太郎

参考文献：『心に効くクラシック』富田 隆・山本一太（日本放送出版協会）
『オーケストラ大図鑑』監修／東京フィルハーモニー交響楽団（PHP研究所）
『カラー図解 楽器のしくみ』緒方英子（日本実業出版社）
『極上のオーケストラ鑑賞ガイド』監修／宮本文昭（草思社）

ゼロから分かる！
図解クラシック音楽

発行日 2020年3月15日 初版第1刷発行
2024年1月5日 第3刷発行

監修者 宮本文昭
富田 隆
発行者 竹間 勉
発行 株式会社世界文化ブックス
発行・発売 株式会社世界文化社
〒102-8195
東京都千代田区九段北4-2-29
☎03-3262-5118（編集部）
☎03-3262-5115（販売部）
印刷・製本 株式会社リーブルテック

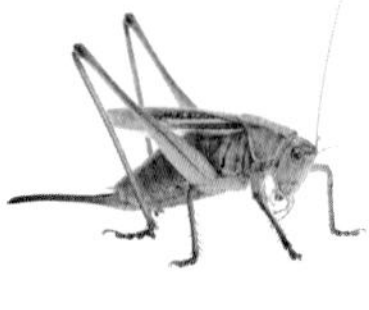

©Sekaibunka Holdings,2020.Printed in Japan
ISBN978-4-418-19229-8
落丁・乱丁のある場合はお取り替えいたします。
定価はカバーに表示してあります。
無断転載・複写（コピー、スキャン、デジタル化等）を禁じます。
本書を代行業者等の第三者に依頼して複製する行為は、たとえ個人や家庭内での利用であっても認められていません。

ヘルシンキ
サンクトペテルブルク
モスクワ
ハンブルク
ベルリン
ワルシャワ
ライプツィヒ
ウィーン
ミラノ
ヴェネツィア
ローマ
アテネ
PIGRUM vel
CRONIUM
MERIGON
SCANDINAVIA
FINNINGIA
CODANUS SIN.
Turumthus Fl.
Basilici
VENEDI
GERMANIA
SARMATIA EUROPAEA
EUROPA
BASTARNAE
DACIA
Sirmium
MESIA
TRACIA
PONTUS EUXINUS
Scythia
Theodosia
Sinope
BITHYNI
Ancyra
PONTUS
LYDIA
Ephes
CARIA
ASIA
Tarsus
Athenae
Olympia
Syracusae
Napolis
SICILIA
Capua
Roma
ITALIA
INTERNUM
Rhodus
Tyrus
Gaza
Alexandria
Cyrene
Leptis magna
Antiochia
Palmyra
Damascus
Hierosolyma
Edessa
Tanais
Bosporus Cim
Borysthenes